ISBN 978-0-265-62161-5
PIBN 10360827

LES
FAUX BRILLANTS

COMEDIE

EN CINQ ACTES ET EN VERS

PAR

F. G. MARCHAND

MEMBRE DE LA SOCIÉTÉ ROYALE DU CANADA, OFFICIER DE L'INSTRUCTION
PUBLIQUE DE FRANCE, etc.

MONTRÉAL
PRENDERGAST & CIE., EDITEURS, 37 RUE ST-JACQUES

1885

PERSONNAGES

FAQUINO . . . . faux baron.

DUMONT . . . . bourgeois.

OCTAVE . . . . frère de Dumont.

OSCAR DANGE . . . . . avocat, amant de Cécile.

JEAN BRUNELLE . . . voyageur, neveu de Dumont.

TRÉMOUSSET . . . . . . faux comte, compère de Faquino.

NICOLAS . . . . serviteur chez Dumont.

UN NOTAIRE . . . . . .

ELISE . . . . fille aînée de Dumont.

CECILE . . . . fille cadette de Dumont.

MARIANE . . . . fille de chambre.

SERGENTS DE VILLE

Enrégistré, suivant la loi, au Ministère de l'Agriculture, par l'Honorable F. G. MARCHAND, en l'année 1885.

LES FAUX BRILLANTS

ACTE PREMIER.

Le théâtre représente le cabinet de travail de Dumont.

SCENE PREMIERE.

DUMONT, OCTAVE

DUMONT

En vérité, ceci tourne à l'impertinence !

OCTAVE

Mon cher frère......

DUMONT

Oh, je suis à bout de patience !

OCTAVE

Mais.....

DUMONT

Brisons-là !

OCTAVE

De grâce !

DUMONT

Ah ! quel martyre !

OCTAVE

Un mot !......

ACTE PREMIER

DUMONT

Non.]

OCTAVE

Déjà le public......

DUMONT

Le public est un sot !......

OCTAVE

Mais as-tu bien songé ?

DUMONT

Je ne crois pas aux songes.

OCTAVE

On répète partout que......

DUMONT

Ce sont des mensonges !

OCTAVE

Sais-tu ?......

DUMONT

Je ne sais rien et ne veux rien savoir.

OCTAVE

As-tu vu ?......

DUMONT

J'ai vu tout ce qu'il me fallait voir.

OCTAVE

Souffre, avant de répondre, au moins, que je m'explique !

DUMONT

Pour qu'à m'exaspérer, ta malice s'applique ?

OCTAVE

Enfin......

DUMONT

Non, je suis sourd !......

OCTAVE

Oui, sourd aux bons conseils ;......

LES FAUX BRILLANTS

DUMONT

Vos avis, gardez-les, monsieur, pour vos pareils.

OCTAVE

Ah, quel entêtement !

DUMONT

Quel infernal supplice !......
Décidément, il faut que tout ceci finisse !

OCTAVE

Mon Dieu ! pour en finir, laisse moi commencer !

DUMONT

Oh ! ne cesseras-tu jamais de m'agacer !

OCTAVE

Je n'ai qu'un mot à dire......

DUMONT

Oui, suivi d'une escorte !

OCTAVE

Connais-tu ce qu'en ville on prétend ?......

DUMONT

Que m'importe !
Les cancans, Dieu merci, ne m'ont jamais ému.

OCTAVE

On se dit hautement......

DUMONT

Bah !

OCTAVE

Que cet inconnu,
Dont tu fais un éclat voisin de la folie,
N'est qu'un...... fripon sorti des bagnes d'Italie......

DUMONT (bondissant)

Ah, par exemple !......

OCTAVE

Et qu'en le suivant pas à pas,

Tu compromets......

DUMONT (*furieux*)

Cela ne te regarde pas !......

Le choix de mes amis, mon cher, ne t'en déplaise,

M'appartient et j'entends l'exercer......

OCTAVE

A ton aise !

Je suis loin de vouloir te contester ce droit.....

DUMONT (*sans l'entendre*)

Et si mon cercle, enfin, te déplaît... Eh bien, soit !

Tu n'as qu'à... t'absenter—En un mot, pour tout dire,

Sache que ce *fripon*, cause de ton délire,

Paraît de mon Elise éperdûment épris......

OCTAVE

Quoi ! Tu consentirais !......

DUMONT

Oui, c'est un parti pris,

Et tous tes beaux conseils,... et tes propos maussades,

Et tes airs protecteurs,... et tes jérémiades

Ne changeront en rien mes projets.

OCTAVE

Ainsi donc,

Sans honte et sans remords, tu ferais abondon

Du gage le plus saint dont un père ait la charge ?

DUMONT

Oui, mon cher, sans remords.

OCTAVE

Ta conscience est large

Si d'un pareil forfait elle souffre le poids !......

DUMONT (*indigné*)

Un forfait !... Un crime !...

OCTAVE

Oui, la nature a des lois

Que nul cœur paternel ne méprise sans crime,
Car Dieu même en dicta la formule sublime.

DUMONT (*éclatant*)

Tu veux donc éprouver jusqu'au bout,... sans merci,
Ma patience !......

OCTAVE

Non, non. Puisqu'il en est ainsi,
Je te laisse......

DUMONT

Tant mieux !

OCTAVE

Quand un homme s'emporte
Jusqu'à répudier l'intérêt qu'on lui porte,
Il n'est plus de remède à ses tristes écarts ;.
On l'abandonne... Adieu !...

DUMONT

Bonjour.

OCTAVE (*s'en allant*)

Adieu, je pars.

DUMONT

Ah, merci ! Tu me rends le plus grand des services !

OCTAVE

Je reviendrai pourtant.

DUMONT

Le plus tard que tu puisses.

OCTAVE (*sortant*)

Pas plus tard que ce soir ; réfléchis d'ici-là,
Et le bon sens, j'espère......

DUMONT (*poussant violemment la porte*)

Oui, sans doute......

ACTE PREMIER

SCENE II

DUMONT (*très agité*)

　　　　　　　　　　Oh, la ! la !......
Ouf ! Je suis hors de moi !... Ces débats me surmontent.
S'il fallait s'arrêter aux histoires qu'ils content,
Nul étranger n'aurait accès à nos salons.
Non, positivement......

SCENE III

DUMONT, NICOLAS (*le chapeau sur la tête*)

NICOLAS

　　　　　Monsieur Dumont !......

DUMONT

　　　　　　　　　　　Allons !.....
Est-ce ainsi qu'un valet se présente à son maître ?

NICOLAS

Bon ! je me trompe encor ?......

DUMONT

　　　　　　　　Mais, es-tu sans connaître
Ce que la bienséance ordonne à cet égard ?......
Décoiffe-toi, vilain !

NICOLAS (*se découvrant*)

　　　　Vous vous y prenez tard
Pour nous mettre au courant de vos façons nouvelles !
S'il faut que cela dure, on en fera de belles,
Franchement......

DUMONT

Plus un mot !......

NICOLAS (*à part*)

　　　Ah ! quel métier de chien !......

DUMONT

Que murmures-tu là, dans ta barbe ?......

NICOLAS

　　　　　Moi ? Rien......

DUMONT

Mais, si, tu parles bas......

NICOLAS
J'étudiais mon rôle.

DUMONT

Ton rôle?

NICOLAS
Oui, je cherchais quelque belle parole,
Quelque mot bien poli, pour vous faire savoir,......
Sans trop vous offusquer,...... qu'on demande à vous voir.

DUMONT (*vivement*)
Hein ! Une visite ?......

NICOLAS (*négligemment*)
Oui. Voici sa carte.

DUMONT (*lui arrachant la carte des mains*)
Donne.
C'est lui !......

NICOLAS
Ma foi, tant mieux!

DUMONT (*désespéré*)
Ah ! l'aventure est bonne !
Et tu le laissais là, tout seul !...... Quel embarras !......
Fallait l'introduire.

NICOLAS
Eh, je ne le savais pas.

DUMONT
Parbleu, tu ne sais rien ! Cours, vite, avant qu'il parte !

NICOLAS (*à part, sortant*)
Le pauvre homme ! Je crains qu'il n'ait perdu la carte !

SCENE IV

DUMONT (*seul*)
Cet impudent bavard n'apprend qu'à jacasser !
Il me faudra bientôt voir à le remplacer......

SCENE V

DUMONT, FAQUINO

FAQUINO (*avec fatuité, tendant la main à Dumont*)
Ce cher Dumont ! J'arrive un peu trop par surprise,
Je crois ?

DUMONT (*lui serrant la main*)
Point du tout.

FAQUINO
Et mademoiselle Elise,
Elle est toujours charmante ?

DUMONT
Oh ! mais, très bien, merci.

FAQUINO
Et vous-même ?......

DUMONT
Toujours alerte !... Et vous aussi ?

FAQUINO
Beaucoup moins bien portant que je puis le paraître ;
Les soucis, les regrets, la fatigue, et peut-être
Un peu d'ennui, voilà les maux dont je me plains.

DUMONT
N'est-il aucun remède à ces profonds chagrins ?

FAQUINO
Quand, dès l'enfance, on a connu des jours prospères,
Et que, par un concours d'événements contraires,
Le destin nous conduit au triste isolement
De l'exil,... ah, croyez que, difficilement,
L'on supporte, en son cœur, le pénible assemblage
Des souvenirs chéris, mais... poignants du jeune âge...
Dépouillé de mes biens, orphelin,...... et soumis,
Aux sinistres projets de puissants ennemis,
Je m'éloignai pour fuir leur malice profonde,......
Et je traîne depuis mes ennuis par le monde,
En attendant que Dieu, dans ses sages décrets,
Brise de ce complot les ténébreux apprêts......

Pardon si, captivé par votre amitié franche,
Mon cœur, pour s'allégir, dans le vôtre s'épanche.
Vous le voyez, Dumont, je ne vous cache rien......

DUMONT (*avec conviction*)

Votre candeur exquise, en tout cet entretien,
Vous dévoile à mes yeux ;... votre ton,... votre mine,...
Tout en vous me révèle une haute origine !......

FAQUINO (*l'interrompant*)

Assez, mon cher, changeons de propos s'il vous plaît.
Votre amitié s'égare... (*lorgnant un portrait*)
                    Ah, quel est ce portrait ?......

DUMONT (*attendri*)

Une enfant qui faisait le bonheur de ma vie !

FAQUINO

Douce fleur du printemps !......

DUMONT

                    Que le ciel m'a ravie.

FAQUINO

Pour l'élever, mon cher, en un monde meilleur,
Loin des nombreux assauts de l'humaine douleur !
à part) Je ne me croyais pas si profond moraliste.

DUMONT (*contemplant le portrait*)

Ce regard !......

FAQUINO (*à part*)

                    Sapristi ! Que le bonhomme est triste !
Profitons du moment. (*Il laisse tomber une lettre à ses pieds.*)·
                    (*Haut*) Ah ! Je conçois combien
Votre peine est profonde !... Oui, je le conçois bien ;......
Mais, pour vous consoler, n'avez-vous pas encore
Près de vous deux enfants belles comme l'aurore,.
Qui savent réunir la grâce et le bon ton
Avec la modestie ?

DUMONT

                    Ah ! que vous êtes bon
D'apprécier ainsi......

FAQUINO
......J'apprécie un mérite
Trop apparent, mon cher, pour que...... (*tirant sa montre*)
                              Mais je vous quitte.
On m'attend...... Je devrais être déjà rendu......

DUMONT (*lui serrant la main*)
Quoi, si tôt! Revenez ce soir.

FAQUINO
                    C'est entendu.
(*A part*) Bonjour, mon tendre ami... J'ai la douce espérance
Qu'avec un tel sujet nous courons bonne chance.

SCENE VI

DUMONT (*seul*).
Cet homme est sans égal! Quel beau maintien! Quel cœur!
Quelle distinction! Quel esprit enchanteur!...
Il suffira qu'ainsi mon frère le connaisse
Pour qu'aussitôt chez lui le soupçon disparaisse...
(*Apercevant la lettre*)
Une lettre! (*l'ouvrant*)
            Mon Dieu!...... C'est peut-être indiscret
De... pourtant, je lui porte un si grand intérêt!......
Oui, lisons! (*il lit, puis*)
            Hein!... Comment?... Un baron! Des domaines!
Les titres arrivant par les malles prochaines!......
Ah! je m'en doutais bien!... On ne m'y trompe pas.
Prévenons tout de suite Elise!... (*appelant*) Nicolas!
(*Haussant le ton*) Nicolas!... Nicolas!... Mais, c'est intolérable!...
Nic...... (*voyant accourir Mariane*) Ah!...

SCENE VII

DUMONT, MARIANE.

MARIANE (*à part*)
L'a-t-on mordu?

DUMONT
                    Ce valet détestable
Est-il mort ou vivant?

MARIANE

Vos cris sont assez forts
Pour tuer les vivants et réveiller les morts !
Quelque mal vous saisit ?

DUMONT

Silence ! Impertinente !
Va ! Cours !... Ah, les voici !

MARIANE

Qu'est-ce qui le tourmente ?

SCENE VIII

LES MEMES, ELISE, CECILE.

DUMONT (*d'un air satisfait*)

Accourez, mes enfants, que je vous fasse part
D'un grand secret !... J'apprends à l'instant, par hasard,.
Que notre italien, cet homme incomparable,

ELISE (*empressée*)

Eh bien ?

DUMONT

Si distingué,... si... si...

CECILE (*à part*)

Si détestable !.

DUMONT (*mystérieusement*)

Est un......

ELISE (*impatiente*)

Quoi ?

DUMONT

Devinez.

CECILE

Un voleur ?

DUMONT (*sans l'entendre*)

Un baron..

ELISE ET CECILE

Un baron !......

DUMONT (*avec exaltation*)

Ah ! Cela se lisait sur son front,
Dans son noble regard, plein.d'un charme indicible !
Mais j'en ai maintenant la preuve.

ELISE (*avec ravissement*)

Est-ce possible !

DUMONT

Là, tout près du fauteuil qu'il venait de quitter.
Je trouvai cette lettre, et ne pus résister
A la tentation qui me vint de la lire.

CECILE

Mais.....

DUMONT

Chut ! Ecoutez bien ce qu'elle va nous dire.
(*Il lit avec emphase*)

« Naples, ce...   18....
          Au baron
          Christino Fiorentino Faquino.

Mon cher baron,
    J'éprouve un vrai bonheur à vous informer que la cabale de
vos ennemis est enfin déjouée. Dans quelques jours, il vous sera
permis d'entrer en possession de vos riches domaines. Je vous en
apporterai moi-même les titres par le prochain transatlantique,
en même temps qu'une lettre de change qui vous fournira les
moyens de figurer à l'étranger d'une manière digne de la noble
race des Faquini......
          Votre tout dévoué
          « *Le comte Luigi de Montebellicano.* »

Eh bien, n'avons-nous pas droit de nous applaudir ?

ELISE

Ah, ciel ! En y songeant, je sens mon cœur bondir !......
Bientôt notre salon deviendra du grand monde
Le point de ralliement,... et la verve féconde,
L'éblouissant reflet de tous les beaux esprits,

Fera de notre cercle un joyeux paradis !...
On parlera de nous dans toutes les gazettes ;
Nous aurons pour amis des milords, des poètes ;
Les gens les mieux posés se montreront jaloux
De nous faire la cour et d'être admis chez nous !......

DUMONT

Oui, mon enfant, voilà le brillant avantage
Qu'offre l'intimité d'un noble personnage !

CECILE (à part)

Pauvre sœur !...

DUMONT

Il faudra lui faire bon accueil !

ELISE

Oui, je vous le promets de grand cœur !...

CECILE (à part)

Ah ! l'orgueil
Lui fait tourner la tête !

DUMONT (à Elise)

...Et tâche de lui plaire.
(Elise fait un signe d'adhésion)

MARIANE (à part)

Il paraît qu'un baron, c'est une grande affaire !

ELISE

Dieu que je suis heureuse !......

DUMONT

On le serait à moins.

ELISE

Nos voisins !... Oh ! j'ai hâte, oui, qu'ils soient tous témoins
Des honneurs dont pour nous chacun sera prodigue !...

CECILE

Ma sœur, tu me surprends !

MARIANE (à part)

Son bonheur la fatigue.

ELISE (*sans entendre Cécile*)

Avoir un vrai baron tous les jours, près de soi !
Qu'en dites-vous, papa ?

DUMONT

Mais c'est immense !

MARIANE (*à part*)

Moi,
J'ai hâte d'en voir un, franchement.

ELISE

Et l'entendre
Vous dire à chaque instant quelque petit mot tendre

MARIANE (*à part*)

L'eau m'en vient à la bouche !......

DUMONT

Oui, c'est délicieux !... (*s'exaltant*)
Ce baron, mon enfant, c'est un don précieux
Que le ciel nous envoie. Avec son alliance
Nous arrivons à tout.

ELISE

Ah ! Quelle providence !

DUMONT

Un baron, songez donc !......

ELISE

Oui, c'est tout un trésor !

MARIANE (*à part*)

Une trouvaille, enfin, qui vaut son pesant d'or !

ELISE

Je doute, franchement, si j'aurai le courage
D'endurer désormais le vulgaire entourage
Dont nous avons été jusqu'ici fréquentés......

CECILE (*vivement*)

Quoi ! Nos anciens amis seraient donc supplantés
Par ce baron, suivi de son douteux cortège
De faux ducs, de seigneurs sans domaines...

DU MONT (*furieux*)

......Abrège !......

Je ne veux pas qu'ainsi l'on insulte à mon nez
Un illustre étranger......

ÉLISE

C'est indigne !

DU MONT

Apprenez
Que moi, mademoiselle, oui, moi seul, je suis maitre
Du choix de mes amis, et je puis vous promettre
Que, malgré vos « hélas ! » et votre grand courroux,
Notre baron sera le bien-venu chez nous.

ELISE

Et bien plus, moi, je veux qu'ici l'on se dépouille
Du maintien et du ton roturier.

MARIANE (*à part*)

Ça s'embrouille !......

CECILE

Ma sœur......

DU MONT

Silence ! Assez de ces honteux débats !

CECILE

Mais, enfin......

DU MONT

......Plus un mot !... Je ne te comprends pas !
Ton langage, Cécile, est celui d'une sotte......
J'en suis exaspéré !......

MARIANE (*à part*)

Malheur à qui s'y frotte !......

CECILE

Ainsi, de l'amitié vous briseriez le lien
Pour......

DU MONT

Assez !......

CECILE

,Permettez......

DUMONT

Je ne te permets rien,
Et puisqu'à mes désirs tu te montres rebelle,
Retire-toi d'ici !

MARIANE (*à part*)

La pauvre demoiselle !

CECILE

J'obéis, mais......

DUMONT

......Encore !

CECILE (*à part en se retirant,*)

Ah, quel aveuglement ! (*Elle sort*)

SCENE IX

DUMONT, ELISE, MARIANE.

DUMONT

Quel ennui !... A-t-on vu pareil entêtement ?
Cette enfant, par ses goûts, déroge à notre race !
Au seul nom du baron, elle fait la grimace
Et préfère à l'honneur de sa noble amitié
L'amitié du commun !......

ELISE

Oui, c'est une pitié

DUMONT

Hélas !... Mais, grâce à Dieu, ton âme grande et fière,
S'élève en ses instincts au-dessus du vulgaire,
Et me consolera des travers de ta sœur......
Tu jouiras des vœux d'un noble et grand seigneur.

ELISE

Ah, papa ! quand vient-il ?

DUMONT

Ce soir.

ELISE

Oui !

DUMONT

Tiens-toi prête ;

Et, sois belle surtout.

ELISE

Je cours à ma toilette !

(*Ils sortent, l'un par la droite, et l'autre par la gauche.*)

MARIANE (*seule, riant,*)

Prenez garde en courant de vous rompre le cou,
Tout ce bruit pour un homme, arrivé... Dieu sait d'où.

ACTE DEUXIÈME

Le théâtre représente un jardin attenant à la maison de Dumont.

SCENE PREMIERE.

DUMONT (*seul, se promenant à pas lents*)

Quelle chance, grand Dieu !... Quelle rare fortune !...
Un illustre étranger nous tombe de... la lune......
Incognito !... D'instinct, je le juge à son air
Et lui fais bon accueil...... Sacristi, j'ai du flair !......
Son cœur à mon Elise aussitôt s'abandonne !

(*s'exaltant*)

Et...... bientôt je serai père d'une baronne ! (*pause*)
Voir ma fille en tout lieu mise au poste d'honneur !
Et moi par contre coup partager son bonheur !......
Mais bien plus, quand viendront les ennuis du vieil âge,

(*avec attendrissement*)

Avoir pour m'égayer un charmant entourage
De beaux petits barons m'appelant: «*Grand Papa !*»
Et me rajeunissant par leur joyeux sabbat !......
Ah, positivement, je suis né pour la chance !......
Et mon Elise obtient la digne récompense
De sa docilité...... Cécile, par malheur,
N'a pas reçu du ciel le bon sens de sa sœur ;
Elle a pour le baron un dédain qui m'irrite,
Et ne lui montre pas les égards qu'il mérite......
Je veux sérieusement lui parler... (*appelant*) Nicolas !...
Nicolas !......

SCENE II

DUMONT, NICOLAS

NICOLAS (*accourant le chapeau sur la tête
et mangeant à grosses bouchées*)

Oui, monsieur j'arrive......

DUMONT

Chapeau bas

Mal appris !

NICOLAS (*à part, se découvrant*)

En effet, mon chapeau le taquine !

DUMONT

Que dévores-tu là ?

NICOLAS

Je mange une tartine
Pour passer le temps......

DUMONT

Brute !... Une dernière fois,

Je te préviens......

NICOLAS (*à part*)

Allons......

DUMONT

qu'il faut être courtois,
Et ne plus m'ennuyer de tes façons maussades.

NICOLAS

Oui, monsieur. (*à part*) Il m'embête, avec ses *sermonnades !*

DUMONT

Sinon, tu partiras ; tiens-toi pour averti.

NICOLAS (*à part*)

Nom d'un chien, je voudrais être déjà parti !......

DUMONT

Tu m'entends ?...

NICOLAS

Oui, monsieur !

DUMONT

Maintenant, imbécile !...

Dis à Mademoiselle.........

NICOLAS (*à part*)

.... Il est gentil......

DUMONT

.... Cécile

Qu'elle vienne à l'instant, ici même.........

NICOLAS (*sortant à reculons*)

J'y cours !......

DUMONT (*l'observant*)

Que fais-tu là ?...

NICOLAS (*reculant toujours*)

Je... je.........

DUMONT

Hein ?......

NICOLAS

Je sors à rebours.

C'est plus poli. (*il sort*)

DUMONT

Nigaud ! (*seul*) Encore un qui m'agace !......
Il faut, décidément, que je m'en débarrasse !......

SCENE III

DUMONT, CECILE

DUMONT (*apercevant Cécile*)

Ah, voici mon lutin !......

CECILE

Vous désirez me voir,

Mon père ?

DUMONT

Oui, pour fixer mes droits et ton devoir.
Ma volonté d'abord est ici souveraine ;
L'unique autorité sous mon toit, c'est la mienne ;
Tout le monde, entends-tu, devra s'y conformer,
Sinon.........

CECILE

Mais, cher papa, voulez-vous m'informer
A quel propos........

DUMONT

Silence ! et laisse-moi tout dire ;
Les lois de la famille ont perdu leur empire ;
Le monde est renversé !... Notre siècle pervers
Du bon sens, tous les jours, présente le revers ;
Au sortir du berceau, l'enfant devient son maître ;
Le devoir filial paraît sans raison d'être,
L'autorité n'est plus qu'un vain mot dont on rit ;
C'est en la méprisant qu'on montre son esprit ;
Et l'on voit, grâce aux torts qui partout se répandent,
Les parents obéir aux enfants qui commandent...
Je ne veux plus chez moi tolérer ces abus,
Et du père abdiquer les nobles attributs ;
Non !... Chacun doit ici se conduire à ma guise ;
Je veux être obéi.

CECILE

Ne suis-je pas soumise ?

DUMONT

Toi soumise ! A quoi ?

CECILE

Mais...... à votre volonté......

DUMONT

A la mienne ? Allons donc !...... Ton esprit indompté
N'a pour guide constant que son propre caprice ;
Il subit sans contrainte, et même avec délice,
L'influence du siècle et sa perversion ;
Ta conduite le prouve à chaque occasion.

CECILE

Ah, mon père, pour moi, comme pour notre époque,
Vous êtes rigoureux !... Parlons sans équivoque......
L'homme, depuis Adam montre des goûts pervers.
Oui, le mal a toujours régné dans l'univers ;
Mais au-dessus du mal les bons sentiments règnent,
Et la vertu ne fuit que ceux qui la dédaignent.

La nature obéit sans cesse aux mêmes lois ;
Le monde est aujourd'hui ce qu'il fut autrefois,
Mélange incohérent de vertus héroïques
Et de vices hideux......

DUMONT

Comment ! Tu me répliques
Par l'éloge insensé du siècle où nous vivons !......
Mais sais-tu, pauvre enfant, à quoi nous arrivons
Avec ce beau gâchis de notions modernes,
Dont on fait le sujet d'un tas de balivernes
Où l'absurdité parle et la raison se tait ?...

CECILE

Mais enfin dites-moi, de grâce, qu'ai-je fait,
Mon père ? Expliquez-vous, car je tiens à comprendre
En quoi j'ai pu manquer......

DUMONT

Oui, je vais te l'apprendre.
Le rang et la richesse, à tes yeux sont sans prix ;
Plus le mérite est grand, plus il a ton mépris ;
Il faut être bien né pour encourir ta haine,
Et ton esprit, cédant au penchant qui l'entraîne,
Par un caprice étrange, inhérent à l'erreur,
Cherche dans les bas-fonds pour trouver la grandeur.
Ah !... Si, pour entrevoir un horizon plus ample,
Tu suivais de ta sœur le beau, le noble exemple,......
J'atteindrais, grâce à toi, le comble de mes vœux !......
Au lieu d'un gendre illustre......

CECILE
Eh b'en ?......

DUMONT
J'en aurais deux !...

CECILE
Comment deux ?

DUMONT
Le baron épouserait Elise,
Et ta main......

CECILE
Ma main !...

DUMONT

Oui.

CECILE

Mais vous l'avez promise.

DUMONT (*impatienté*)

Promise ! Promise !

CECILE

Oui.........

DUMONT

Laisse moi donc la paix !

CECILE

Mais Oscar.........

DUMONT

Ton Oscar ! Ton Oscar, tu le sais,
N'est qu'un simple avocat sans titre et sans lignée
Qui dans l'ombre toujours te tiendra consignée...

CECILE

Mais à quoi, dites-moi, voulez-vous en venir ?

DUMONT

Je veux te préparer un brillant avenir :
Tu n'as qu'à le vouloir pour devenir comtesse.

CECILE

Nous montons, paraît-il, à très grande vitesse !...

DUMONT (*cherchant à se rappeler*)

Le signor *Monte... bel ?......Monte... belli... cano...*
Ce noble italien.........

CECILE

Doucement, *piano* !
Mon père, je vous prie ! Allons un peu moins vite ;
Laissez-moi sans détour le dire tout de suite,
Je hais les faux brillants et méprise de pair
Les barons d'aventure et les comtes... en l'air...

DUMONT (*indigné*)

Assez, Cécile, assez !... N'en dis pas davantage ;
Du siècle où nous vivons voilà le beau langage...

SCENE IV

LES MÊMES, *puis* NICOLAS *et* JEAN BRUNELLE.

NICOLAS (*dans la coulisse*)

Arrêtez !......

JEAN BRUNELLE (*de même*)

Laisse-moi.

NICOLAS (*de même*)

Vous ne passerez pas.

JEAN BRUNELLE (*de même*)

Animal !

NICOLAS (*voulant arrêter Jean Brunelle qui le repousse*)

Restez là...

DUMONT (*allant à eux*)

Quel est donc ce fracas ?

NICOLAS

C'est cet original......

JEAN BRUNELLE (*menaçant Nicolas*)

Original toi-même.

NICOLAS (*se redressant*)

Par exemple !......

JEAN BRUNELLE

Tais-toi ; visage de carême !...

DUMONT

Insolent ! vous osez......

JEAN BRUNELLE

Ah !... mon oncle Dumont,
Je vous retrouve enfin !......

DUMONT (*d'un air de dignité offensée*)

D'où nous vient ce démon ?......

JEAN BRUNELLE (*saisissant la main de Dumont et le regardant en face*)
Me reconnaissez-vous ?

DUMONT (*s'efforçant de retirer sa main*)
Non.

JEAN BRUNELLE
Voyons... hein?

DUMONT (*avec hauteur*)
Jeune homme,
Votre nom s'il vous plaît?

JEAN BRUNELLE (*riant*)
Moi?... comment je me nomme ?

DUMONT
Oui, morbleu !

JEAN BRUNELLE
Ce cher oncle, il est toujours farceur !......
Ne retrouvez-vous pas les traits de votre sœur?

DUMONT
De ma sœur?... (*A part*) En effet !......

JEAN BRUNELLE
De votre sœur jumelle
Qu'après votre départ épousa Jean Brunelle,
Le forgeron...... Je suis leur unique héritier,
Voyageur et bon diable, enfin, de mon métier.
Après avoir bâti vingt châteaux dans la lune,
J'ai parcouru le monde en quête de fortune,
Et les mille incidents dont je fus le héros
M'ont fait un profit clair de cent mille...... zéros!......
Enfin, tel qu'on me voit, n'en déplaise à mes proches,
J'ai bon appétit,... mais je n'ai rien dans mes poches !
Et puis... vous comprenez?...

DUMONT
Non, je ne comprends pas.
(*A part*) Quel contre-temps d'avoir ce brigand sur les bras !...
Mille morts! A tout prix il faudra s'en défaire !
Hem ! (*il fait signe à Nicolas d'approcher et lui parle à voix basse*)

JEAN BRUNELLE (*bas à Cécile*)
Une cousine?

CECILE (*de même*)
Oui, monsieur...

JEAN BRUNELLE (*bas à Cécile*)
                                    Sans vous déplaire,
Peut-on vous dire un mot?

CECILE (*de même*)
                        Sans doute, mon cousin.

JEAN BRUNELLE (*de même*)
Vous êtes menacés d'un ignoble dessein ;
Certain Faquino...

CECILE (*de même*)
                    Quoi ! vous connaissez cet être ?

JEAN BRUNELLE
A mes dépens, hélas ! j'appris à le connaître ;
Pour déjouer ses plans je le suis pas à pas.

CECILE (*de même*)
De grâce, mon ami, ne l'abandonnez pas !...

JEAN BRUNELLE (*de même*)
Comptez sur moi.

CECILE (*de même*)
        Merci.

JEAN BRUNELLE (*de.même*)
                Ma chétive toilette
Couvre un homme de cœur. ...

CECILE (*de même*)
                            Oui, je vous crois honnête ;
Aidez-nous !...

JEAN BRUNELLE (*de même*)
        Chut !... Surtout de la discrétion !...
Courage !...

CECILE (*de même*)
J'en aurai.

DU MONT (*à part*)

Quelle confusion !
S'il faut que par hasard le baron noûs surprenne
En cette compagnie !... A tout prix je l'entraîne
Hors d'ici, sans délai !... (*à Jean Brunelle*)
Jeune homme, suivez-moi ;
Vous devez avoir soif ?...

JEAN BRUNELLE

Un tant soit peu, ma foi !

(*Ils sortent.*)

SCÈNE V.

CECILE, *puis* OSCAR *puis* JEAN BRUNELLE

CECILE (*seule*)

Cet étranger me plaît ; sans que je le connaisse,
Quelque chose me dit qu'il tiendra sa promesse...

(*Elle s'assied sur un banc*)

Hélas !... Dieu sait comment tout ceci doit finir !...
Et j'hésite en moi-même à scruter l'avenir.

(*L'orchestre accompagne les cinq vers suivants d'une symphonie douce
et lente, et l'on aperçoit Oscar qui s'approche par les détours d'une
allée du jardin.*)

A peine ai-je franchi le seuil de l'existence,
Qu'au-devant de mes pas, comme un spectre, s'avance
L'adversité cruelle !... Ah !... Comment conjurer
L'orage que j'entends sourdement murmurer !...
Seigneur, épargnez-moi ! Je suis bien malheureuse !

OSCAR

Cécile !...

CECILE (*effrayée*)

Oscar !

OSCAR

Mon Dieu ! que vous êtes peureuse !
Se peut-il que l'aspect d'un esclave soumis
Vous effraie à ce point ?

CECILE

Cher Oscar, je frémis
Sans le vouloir au bruit d'une feuille qui tombe ;
La course dans les airs d'une faible colombe
Me cause des frayeurs, tant mon esprit troublé
Souffre des noirs soucis dont il est accablé !

OSCAR (s'asseyant près d'elle)

Contez-moi vos chagrins.

CECILE

Mon père......

OSCAR

Eh bien ?

CECILE

Je tremble
En prononçant son nom !...... (ils se lèvent)

OSCAR

Vous tremblez !... mais ensemble
Nous avons prononcé le serment solennel
D'allier nos destins par un nœud éternel !......
Et lui-même a béni ce serment avec joie......
Se peut-il maintenant que votre esprit prévoie......

CECILE (tremblante)

Pardonnez-moi !......

OSCAR (inquiet)

D'où vient cette agitation ?

CECILE (avec angoisse)

Quel supplice !......

OSCAR

Ah parlez !... Plus d'hésitation !......
Autrement je...... De grâce, épargnez-moi ce doute !

CECILE

Pouvez-vous m'écouter sans colère ?

OSCAR (comprimant son émotion)

Oui... j'écoute......

CECILE

Un prétendu, baron aux titres indécis......

OSCAR

Faquino ?

CECILE

C'est son nom.

OSCAR

Puis ?... Ensuite?...

CECILE

Il a pris

Sur mon père et ma sœur......

OSCAR

L'infâme !......

CECILE

un tel empire,

Qu'ils n'ont d'attentions que pour lui......

OSCAR

Le vampire !

CECILE

Ma sœur est déjà prête à lui donner sa main,

Et mon père, oublieux de nos serments,......

OSCAR

Eh bien ?.....

Dites, dites, Cécile !......

CECILE (*baissant la vue*)

Il m'a parlé d'un comte......

Ami de son baron......

OSCAR

Hé, comment !

CECILE

Ah, j'ai honte

En faisant, cet aveu !......

OSCAR

Mais vous, Cécile, vous ?......

CECILE

Moi, je......

OSCAR

......Vous acceptez ce décret sans courroux !......
Au désir paternel complaisamment soumise,
Vous brisez le cachet de votre foi promise,
Et troquez notre amour pour le titre fictif
Que porte avec audace un brigand fugitif !......

CECILE

Ah, silence !... Cruel !...

(*Pendant les vers précédents, Jean Brunelle s'est approché
sans être vu·et les a écouté parler.*)

JEAN BRUNELLE (*à part*)

Tiens ! Voilà nos jeunesses
En train de s'appliquer de rudes politesses !......

CECILE (*à Oscar*)

Oui, vous êtes cruel !......

OSCAR (*à Cécile*)

En fait de cruauté,
L'avantage évident est de votre côté......

JEAN BRUNELLE (*à part*)

Allons donc !

CECILE (*à Oscar*)

A l'affront vous mêlez l'injustice !

OSCAR

L'injustice est chez vous !

CECILE

Chez vous, c'est la malice !.

JEAN BRUNELLE (*á part*)

Ah ! Ces pauvres enfants vont s'en conter assez.
Pour se brouiller !. ....

OSCAR (*à Cecile*)

Perfide !......

CECILE (*à Oscar*)

Ingrat !......

JEAN BRUNELLE (*s'interposant*)
> Chers insensés !......

(*Oscar et Cécile font un geste de surprise*)

CECILE (*après une pause*)
Vous, monsieur !......

OSCAR
> De quel droit !.....

JEAN BRUNELLE
> Ah ! je suis authentique ;
N'est-ce pas, ma cousine ?

OSCAR
> Un cousin !

JEAN BRUNELLE
> Sans réplique,......
Et de plus votre ami.

OSCAR
> Je ne vous connais pas.

JEAN BRUNELLE
Sois tranquille, mon bon, va, tu me connaîtras
Bientôt......

OSCAR (*offensé*)
Enfin, monsieur......

JEAN BRUNELLE
> Mon langage vous choque ?
Je n'ai pas du gandin le ton ni la défroque ;
Mais en retour, mon vieux, tonnerre ! j'ai du cœur !......
Maintenant, mes agneaux, soyons de bonne humeur.

OSCAR
Mais d'où venez-vous ?

JEAN BRUNELLE (*riant*)
> Moi ?... De l'autre bout du monde,
Juste à point... Oui, morbleu, que le sort me confonde
Si je n'empêche pas cet infâme coquin
De pratiquer ici son métier de... requin !

OSCAR

Quel coquin ?

JEAN BRUNELLE

Faquino. C'est le mauvais génie,
Qui de cette demeure a troublé l'harmonie...
Moi je connais ses trucs pour en avoir souffert,
Et je lis dans son jeu comme en un livre ouvert.
L'oncle Dumont pour lui c'est un mouton à tondre ;
Cette toison le tente, et je puis vous répondre
Qu'il s'entend au métier... Donc oubliez vos torts,
Et contre ce brigand unissons nos efforts....
(*A Oscar*) Votre main dans la sienne !... (*les voyant hésiter*)
Ah ça ! Point de bêtises !
Les places dans vos cœurs depuis longtemps sont prises.

(*Il leur joint les mains. Oscar et Cécile le laissent faire et se lancent
des regards furtifs et timides.*)

Vous inventez sans cause un absurde grief
Et risquez follement votre bonheur....

OSCAR

Mais ..

JEAN BRUNELLE

Bref,
Sans vous comprendre en rien, grands enfants que vous êtes,
Dans un rayon d'amour vous brassez des tempétes,
Et perdez vos instants en des propos jaloux
Pendant que l'ennemi circule autour de vous.
C'est insensé.

OSCAR

Monsieur !...

JEAN BRUNELLE

Excusez mes paroles ;
J'omets en vous grondant l'emploi des paraboles...
Mais contre le danger que nous voyons surgir,
Au lieu de nous bouder, il faut ensemble agir...
Comptez sur moi, d'abord.

CECILE (*avec effusion*)
Ah ! je vous remercie !

4

JEAN BRUNELLE

Ce fripon des grandeurs perdra la fantaisie,
Ou je perdrai mon nom. (*A Oscar*) Partons.

OSCAR

Je suis à vous.

CECILE

Dieu vous guide !

OSCAR (*lui envoyant un baiser de la main*)
Au revoir.

CECILE

Adieu. Protégez-nous.

JEAN BRUNELLE

Laissez faire en cela votre ami Jean Brunelle.

(*Ils sortent au moment ou Mariane entre.*)

MARIANE (*avec un geste de surprise*)
Ah, mon Dieu ! l'effrayant gibier, mademoiselle !

CECILE

C'est un brave homme.

MARIANE

Vrai ! . .

CECILE

Grâce à lui, ce baron
Bientôt ne sera plus qu'un vulgaire larron.

MARIANE

Celui-là !

CECILE (*sortant*)
Tu diras, si de moi l'on s'informe,
Que . . . que j'ai la migraine, et qu'il faut que je dorme.

SCÈNE VI.

MARIANE (*seule*)
Quant à moi, franchement, je n'y comprends plus rien :
Ce baron, l'on en dit et du mal et du bien ;
C'est un individu presque indéfinissable,

Qui pour l'un est un ange et pour l'autre le diable,
Selon le point de vue où chacun l'aperçoit......
J'espère que bientôt nous pourrons, quel qu'il soit,
L'examiner de près......

SCENE VII

MARIANE, FAQUINO

FAQUINO

Ton maître est il visible,
Ma mignonne ?

MARIANE (*riant aux éclats*)
Comment ?......

FAQUINO

Que vois-tu de risible
Dans cette question ?

MARIANE

Ah monsieur, pour mon goût,
Je ne le vois que trop, à toute heure et partout !
Il n'a pas le pouvoir, ni le vœu, ni l'adresse
De se rendre invisible......

FAQUINO

Que dit cette drôlesse ?

MARIANE

Il faudrait pour cela qu'il fût diable...... ou baron.

FAQUINO

Ma bonne, tu parais ne pas comprendre.

MARIANE

Non ?
Alors, expliquez-vous.

FAQUINO

Que veux-tu que j'explique ?

MARIANE

Tout ce que vous voudrez, c'est à vous la réplique.

FAQUINO (*à part*)

Pas timide, l'enfant ! (*Haut*) Mais je voudrais savoir
Si ton maître est bien seul et si l'on peut le voir.

MARIANE

Ah, c'est une autre affaire !... Alors veuillez attendre.
Je cours le prévenir... (*à part*) On ne peut le comprendre
Dans son vilain jargon !...... (*elle sort*)

SCENE VIII

FAQUINO (*seul*)

Bon. A l'heure qu'il est
Le bonhomme a dû lire en entier mon billet.
Qu'en aura-t-il pensé ?... S'il s'était mis en tête
De n'y rien croire !... Allons ! bah ! (*souriant*)
Il est trop...... honnête
Son grand cœur est exempt d'un vulgaire soupçon
Et, plein de confiance, il mord à l'hameçon......
D'ailleurs, je serai cru sur ma simple parole
Et je n'aurai qu'à...... Chut !... Commençons notre rôle......

SCENE IX

FAQUINO, DUMONT

DUMONT

Ah ! (*Ils se donnent la main*)

FAQUINO

Mon bien cher ami, je suis au désespoir !

DUMONT

Eh, mon Dieu, qu'avez-vous ?

FAQUINO

Je reçus hier soir
Une lettre.........

DUMONT

Une lettre !

FAQUINO

Oui, de grande importance ;

DUMONT

Eh bien ?.........

FAQUINO

Je ne sais trop par quelle négligence
Je l'ai perdue en route.

DUMONT (*vivement*)

En êtes-vous certain ?

FAQUINO

Sans doute, et j'ai cherché partout sur mon chemin...

DUMONT (*lui tendant la lettre*)

Examinez ceci.

FAQUINO

Grand Dieu ! C'est cela même !
L'a-t-on trouvé chez vous ?

DUMONT

Oui.

FAQUINO

Quelle chance extrême !

(*Avec effusion en prenant les deux mains de Dumont*)

Merci, cent fois merci !... Je ne sais trop comment
Reconnaître.........

DUMONT (*saluant profondément*)

Baron !... C'est en me pardonnant.........

FAQUINO

Hé ! quoi !... Vous savez tout !.........

DUMONT (*eonfus*)

Oui... J'osai me permettre...

De lire.........

FAQUINO (*affectant le désappointement*)

Ah !... mais c'est fait... Veuillez donc me promettre
De ne rien révéler du secret que contient
Cet écrit.........

DUMONT

Par malheur, moi, je n'en puis plus rien......

FAQUINO

Vous l'avez dévoilé !......

DUMONT

Mes enfants le connaissent,
Et déjà, cher baron

FAQUINO

Qu'entends-je !.........

DUMONT

elles s'empressent
Parmi tous nos voisins d'en répandre le bruit.

FAQUINO

Ciel !... A quel embarras m'avez vous donc réduit !......

DUMONT

Mais pourquoi le silence où votre esprit s'obstine ?
Dans quel but plus longtemps cacher votre origine ?

FAQUINO

Pourquoi ? Pour éviter l'ennui d'être exposé
Au mépris d'un public toujours mal disposé
Envers ceux qui d'un titre à ses yeux font parade......

DUMONT

Votre mine suffit à prouver votre grade.
Moi je l'ai deviné sans en être averti !......

FAQUINO

La sagesse est un don que Dieu n'a départi
Qu'aux hommes dont le cœur est à la bonne place......
Tout le monde n'est pas comme vous perspicace !... ..
Or comment, dites-moi, croirait-on l'étranger
Qui, sans aucun garant, oserait se ranger
Parmi les grands seigneurs de la vieille Italie ?
On le dirait épris d'une étrange folie ;
Ou...... quelque vil dessein lui serait imputé,
Et son honneur, ainsi lâchement discuté,
Subirait sans défense une atteinte fatale......

DUMONT

En effet, des jaloux la méchante cabale
Peut ternir un grand nom par de honteux débats......
Et... par zèle... peut-être ai-je fait un faux pas......
Mais le mal est commis ; pouvons-nous le défaire ?

FAQUINO

Oh ! Dumont !......

DUMONT

Ce n'est plus le moment de se taire,
Tout scrupule à présent doit être abandonné,
Pour...

FAQUINO

Vous n'y songez pas !... Voir mon nom soupçonné,
Discuté......

DUMONT

Le céler ne vous est plus loisible ;
Il faut donc bravement le porter......

FAQUINO (avec tristesse)

Impossible !......

DUMONT

Impossible ! (signe affirmatif de Faquino) Pourquoi ?

FAQUINO

C'est un triste secret
Qu'il me faut vous cacher, malgré tout l'intérêt
Dont vous m'honorez.

DUMONT

Ah !... Mon cher baron, de grâce !
N'allez pas d'un refus m'infliger la disgrâce !

FAQUINO

Dumont, n'insistez pas !...

DUMONT

Si ; je veux tout savoir !......
Au nom de l'amitié, laissez-vous émouvoir !......
(signe négatif de Faquino, d'un air de désespoir)
Ai-je donc mérité de perdre votre estime ?

FAQUINO

Mon Dieu, non ! Mais pourquoi d'une misère intime,
Par un vain égoïsme, affliger mes amis ?

DUMONT

C'est pour cela que Dieu près de vous les a mis.

FAQUINO (lui tendant la main)

Vous l'emportez !... Je cède à la douce influence
Qu'exerce sur mon cœur votre persévérance

A scruter de mes maux l'affreuse profondeur;......
·Sachez donc, puisqu'il faut parler avec candeur,
Que le sort, s'acharnant partout à la ruine,
M'impose le secret sur ma haute origine ;......
(*Avec tristesse*) Le rang, sans la fortune, est un luisant fardeau
Qu'on retrouve parfois sous le sombre manteau
D'une noble misère !... (*il reste pensif*)

DUMONT

Ah, je comprends le reste !......
Et je déplore en moi l'aveuglement funeste
Qui m'a fait ignorer votre triste abandon.
Il fallait sans retard m'informer......

FAQUINO

A quoi bon
Proclamer ses malheurs quand ils sont sans remède ?
J'attends patiemment que la fortune cède,
Et me rende les biens qu'un inflexible sort
M'a fait perdre.

DUMONT

Allons donc ! mais si je me fais fort
De remplacer pour vous cette ingrate fortune,
En comblant par un prêt la fatale lacune
Qui dans votre budget se laisse apercevoir,
Que direz-vous ?

FAQUINO

Quel cœur?... On ne peut concevoir
D'amitié, cher Dumont, plus noble que la vôtre !
Vous êtes du bonheur le bienfaisant apôtre !
Et j'éprouve vraiment un sensible regret......
A vous refuser......

DUMONT (*désappointé*)

Ah !

FAQUINO (*avec fierté*)
Mon nom en souffrirait !

DUMONT
Mais vos malheurs pour moi ne sont plus un mystère.

FAQUINO
Votre offre m'humilie autant que ma misère !......
Du reste, je craindrais,.....

DU MONT

Mais que craindriez-vous?
Nous ferions de ce prêt un secret entre nous,
Et jamais hors d'ici......

FAQUINO

Non, non, merci, vous dis-je.
Je dois subir mon sort, c'est l'honneur qui l'exige!
Je ne puis m'exposer......

DU MONT

Vous exposer à quoi?

FAQUINO

Aux indiscrétions.......

DU MONT

Vous fiez-vous à moi?

FAQUINO

Plus qu'à moi-même, mais......

DU MONT

Vous n'avez plus d'excuse
Et, pour dernier recours, permettez que j'abuse
Des nobles sentiments qui......

FAQUINO

Non, n'en parlons plus!

DU MONT

Pour nous brouiller, baron, il suffit d'un refus!

FAQUINO

Vraiment votre amitié se montre tyrannique;
J'en crains, mon brave ami, la vigueur sympathique
Et, s'il est un motif qui puisse m'ébranler,
C'est le danger de voir nos rapports se troubler.

DU MONT

Alors vous acceptez?......

FAQUINO

Mon Dieu! c'est un supplice
De vous résister !...... Mais......

DUMONT (*d'un air suppliant*)

Rendez-moi le service,
S'il vous plait, cher baron, de prendre mon argent !......

FAQUINO

Vous me poussez à bout !......

DUMONT

Oui, je suis exigeant ;
Mais j'insiste, baron...... (*il lui tend la main*)

FAQUINO

Eh, mon Dieu ! Pour vous plaire
Il n'est rien, cher Dumont, que je ne puisse faire !

(*Ils se serrent la main*)

FIN DU SECOND ACTE.

ACTE TROISIÈME

Le théâtre représente le boudoir des demoiselles Dumont.

SCÈNE PREMIÈRE

ELISE, MARIANE.

ELISE (*devant une glace*)

Comment me trouves-tu ?

MARIANE

Charmante.

ELISE

Et mes cheveux,

Tombent-ils bien ainsi ?

MARIANE

Rien de plus gracieux !

ELISE (*se retournant*)

Ma robe ?

MARIANE

Elle est parfaite.

ELISE

Et mes boucles d'oreilles ?

MARIANE

Ah ! franchement, ce sont deux petites merveilles !

ELISE (*tendant le bras*)

Agraffe-moi ceci... Prends garde ! Allons, tout doux.
Je ne suis pas de fer ! (*Mariane hausse les épaules
Elise se mire*) Bien. Mes autres bijoux,
Où sont-ils ?

MARIANE (*lui tendant un coffret*)

Les voici. (*Elise y choisit un collier de brillants
qu'elle passe à son cou*) La gentille toilette !

(*à part, voyant Elise essayer un sourire devant la glace*)
On s'arme jusqu'aux dents.

ELISE

                    Me voilà toute prête,
Et j'attends bravement.

MARIANE

                    Qui donc attendez-vous ?

ELISE

Eh ! qui veux-tu qu'ainsi nous recevions chez nous,
Si ce n'est le baron ?

MARIANE

                    Le baron !... Ah, j'ai hâte
Qu'il arrive !

ELISE

          Oui ! Pourquoi ?

MARIANE

                         Pour voir de quelle pâte
Est fait un vrai baron, et quelle mine il a ;
J'en aurai le cœur net au moins.

ELISE

                         Que dis-tu là ?

MARIANE

Je dis que je m'y perds. Tout ici me surpasse !
Meubles, bêtes et gens, rien ne demeure en place ;
Et, dans ce branle-bas, pour cri de ralliement,
C'est le nom du baron qui revient constamment.
Cet homme, dont on fait ici tant de tapage,
Est donc bien important ?

ELISE

                    C'est un grand personnage,
D'un mérite très rare, éminent, sans égal.

MARIANE

Vous ne permettez pas qu'on en dise du mal ?

ELISE

Certes, non ! Et malheur à quiconque s'avise
D'en dire... ou de souffrir même que l'on en dise !

Certains esprits haineux, jaloux et sans repos,
Font métier d'outrager par de honteux propos
Les gens dont l'importance et l'éclatant mérite,
En les éblouissant, les trouble et les irrite.
Mais...

MARIANE

Votre sœur, je crois, juge ses qualités
Avec moins de...

ELISE (*piquée*)

Ma sœur dit des absurdités,
Et si par ses conseils tu deviens insolente,
A sortir de ces lieux tu ne seras pas lente.

MARIANE

Ah! pardon si mes mots n'ont pas été polis!
On ne doit pas chercher, dans tout ce que je dis,
Expressions de choix, et parole profonde;
C'est par l'intention que l'on juge son monde.
Loin de moi le dessein de vous manquer d'égard.
Et je retire tout pour réparer l'écart;
Donc le baron n'est pas, j'en prends votre parole,
Ce qu'on en dit partout, un imposteur frivole;
(*mouvement d'Elise*)
On a tort d'affirmer qu'en vous parlant d'amour,
Au gousset paternel il veut faire la cour...

ELISE (*irritée*)

Les monstres!...

MARIANE

Et qu'il est de cette confrérie
Qu'on nomme... chevaliers?... chevaliers d'industrie?....

ELISE

Juste ciel! est-il vrai que l'on en parle ainsi?

MARIANE

Oui... mais bien plus encore, on se répète aussi...

ELISE

Qui sont ces vils menteurs?

MARIANE

De bien méchantes langues
Qui, sans rien respecter dans leurs basses harangues,
Appliquent leurs méfaits au compte du prochain.

ELISE

Et tu les laisses dire ?...

MARIANE

Oh ! moi, je n'en crois rien.
Mon Dieu ! non, pas un mot, puisque cela vous blesse.
J'ai pour avis toujours l'avis de ma maîtresse ;
Et, quand même on viendrait, preuve et pièces au poing,
Me démontrer les faits, mot pour mot, point par point,
Encor j'hésiterais, sans votre avis, d'y croire...
Mais je vous entretiens d'une ennuyeuse histoire...

ELISE

Le public, Mariane, est fort impertinent !
      (*Mariane fait un signe d'adhésion*)
Il a tout mon mépris.

MARIANE

Le mien pareillement.

ELISE

Se permettre sans gêne un langage semblable !
Mais c'est d'une insolence !

MARIANE

Oh ! c'est abominable !

ELISE

Pour tenir ces propos, il faut être jaloux
Du mérite d'autrui !

MARIANE

Jaloux !... ils le sont tous.

ELISE

Et ceux qui devant moi parleront de la sorte,
Seront mal reçus.

MARIANE

Oui, mettez-les à la porte
Sans avis ni procès.

ELISE .

Je n'y manquerai pas.
Mais qui t'a rapporté ces détails ?

MARIANE

Nicolas.
Il court souvent la ville et sait ce qui s'y passe
Tout comme la police.

ELISE

Il faudra qu'on le chasse !....

ЛARIANE (*déconcertée*)

Ah ! le pauvre Nicot ! Il m'a fait ces rapports
Sans vouloir au baron imputer aucuns torts.
Oui, tout innocemment, car...

(*baissant la vue*)

enfin, il repose
En moi sa confiance... et... me dit mainte chose
Qu'aux autres il n'a pas le goût de répéter.

ELISE

Qu'il prenne garde à lui... Toi, va tout apprêter
Afin que, sans effort, le baron reconnaisse
Dans notre intérieur l'élégante richesse
Dont s'ornent les logis où règne le haut ton ;
Car, un baron...

ЛARIANE

Ah ! c'est un monsieur tout de bon,
A ce qu'il paraît.

ELISE (*avec exaltation*)

Oui, c'est l'idole des dames,
Qui charme leurs loisirs et captive leurs âmes
Par les beaux compliments qu'il sait leur débiter ;
Dans l'art du savoir-vivre, on ne peut l'imiter.
Il compte dans ses biens plus d'un vaste domaine ;
Ses noms sont de longueur à faire perdre haleine...

ЛARIANE

Un baron, c'est cela ? (*à part*) Je n'y vois pas plus clair.

ELISE

On peut le distinguer seulement à son air
Qui trahit le secret d'une antique noblesse
Sous des dehors charmants.

ЛARIANE

Ce baron m'intéresse.
Serait-il, par hasard, ce jeune et beau causeur,
Le contraste frappant de cet autre, un poseur
Qui se sert en parlant de mots indéchiffrables,
Prononcés d'un ton sec, avec des airs capables,
Et qui...

ELISE (*indignée*)

Silence !... Oser lui faire un tel affront !

MARIANE

Quoi ! celui-là, c'est... ?

ELISE

Oui, sotte ! c'est le baron.

MARIANE (*étouffant un fou rire*)

Je ne m'en doutais pas.

ELISE

Assez d'impertinence !
A mon père je vais citer ton insolence.

(*Elle sort furieuse*)

SCÈNE II

MARIANE (*seule*)

Bon voyage... et tâchez de ne rien oublier ;
Dites-lui qu'ici bas jamais folle à lier
Ne montra plus que vous d'aigreur et de caprice.

SCÈNE III

MARIANE, NICOLAS.

NICOLAS

Nom d'un nom quel tracas ! quel ennui ! quel supplice !
J'en mourrai, c'est bien sûr.

MARIANE

Dis moi donc, Nicolas,
D'où vient cette fureur ?

NICOLAS

Ah ! ne m'en parle pas !
Il faut y mettre un terme ou j'en perdrai la tête !
Me surmener ainsi, cela n'est pas honnête !

MARIANE

Mais de quoi s'agit-il ?

NICOLAS

Je suis brisé, rendu !

MARIANE

Quelque chose t'agace ?

NICOLAS

Ereinté, morfondu !
A peine ai-je le temps de manger une croûte ;
Du matin jusqu'au soir, toujours, toujours en route !
Je m'essouffle à courir, et ne fais plus qu'un rond,
Servant de messager d'ici chez le baron.
C'est à n'y plus tenir !... Depuis que cela dure,
J'en ai pris une entorse avec une foulure.
Mariane, on me traite ainsi qu'un vrai mulet,
Et si j'avais du cœur autant que de mollet,
Je les enverrais paître avec leurs paperasses !

MARIANE

C'est cela, l'on se fie à tes instincts bonasses.

NICOLAS

J'en conviens.

MARIANE

                Mais pourquoi l'échange quotidien
De ces lettres sans nombre ?

NICOLAS

                            Hé, je n'en sais trop rien.

MARIANE

Mais on saisit toujours quelque fait qui transpire.

NICOLAS

D'après ce qu'on peut voir, les choses sont au pire.

MARIANE

Est-il bien possible ?

NICOLAS

                Oui, sans appréhension,
Notre maître partout s'est porté caution
Des achats du baron ; même, il lui fait l'avance
D'argent pour subvenir à sa folle dépense ;
Cela seul représente un fort joli montant.

MARIANE

En effet

NICOLAS

                Mais, bien plus, et voici l'important :

MARIANE

Ah !

NICOLAS

Chaque fournisseur lui présente sa note ;
Pour le dévaliser à l'envi l'on complote ;
Bref, ce matin j'ai vu tout autour du bourgeois
Dix commis bien comptés se pressant à la fois.

MARIANE

Que faisait le bonhomme ?

NICOLAS

                              Il payait avec grâce
En disant à chacun : Monsieur, grand bien vous fasse.

MARIANE

Mais ce vilain baron l'a donc ensorcelé !

NICOLAS

C'est mon idée. Et moi, jour et nuit attelé,
J'aide sans le vouloir à sa... sa manigance.

MARIANE

Mon pauvre Nicolas, soit dit sans médisance,
Ton baron, selon moi, n'est qu'un attrappe-sot,
Qui pratique sur nous son métier.

NICOLAS

                              C'est le mot.

MARIANE

Et l'on annoncera bientôt dans la gazette
Son départ imprévu sans tambour ni trompette.

NICOLAS

Voilà tout justement ce que je me disais.

MARIANE

On devrait l'exposer au grand jour.

NICOLAS

                              Je le sais.

MARIANE

Mais tu sers ses desseins.

NICOLAS

                              Que veux-tu que j'y fasse ?

MARIANE

Dévoiler tes soupçons.

NICOLAS

Oui, pour que l'on me chasse !

MARIANE

Quand le devoir commande on ne recule pas.

NICOLAS

Et s'il faut que je parte... ?

MARIANE

Eh bien, tu partiras.

NICOLAS

Moi, m'en aller ?

MARIANE

Sans doute !

NICOLAS

Où faudra-t-il que j'aille ?

MARIANE

Où tu voudras.

NICOLAS

Oui-dà ! Pour coucher sur la paille,
En attendant qu'ailleurs je trouve un autre emploi ?
Merci bien !

MARIANE

Seras-tu plus à plaindre que moi ?

NICOLAS

Toi, Mariane ?

MARIANE

Oui, moi.

NICOLAS

Comment, l'on t'a chassée ?

MARIANE

Pas encor, mais j'en suis fortement menacée.
Depuis que du baron les noms sont proclamés,
Ma maîtresse a le cœur et la tête enflammés ;
Elle ne rêve plus que grandeur, que noblesse,
Et de ses vieux amis l'intimité la blesse ;
On ne peut rien lui dire, à moins de la flatter,
Sans s'exposer à voir sa colère éclater.
J'ai cherché, par le jeu d'un honnête artifice,
Tout en disant comme elle, à dompter son caprice ;

Mais l'orgueil en son âme étouffe le bon sens ;
Et, moi, je viens d'apprendre à mes propres dépens
Qu'à vouloir còrriger les sottises des autres,
Nous risquons fortement d'en commettre des nôtres.

NICOLAS

Tout juste ; et le moyen d'éviter cet ennui,
C'est de filer son nœud sans s'occuper d'autrui.
Mais, à propos, déjà depuis longtemps, mignonne,
Tu connais la tendresse où mon cœur s'abandonne,
Sans vouloir par un mot me donner quelque espoir !

MARIANE (riant aux éclats)

Mieux vaut tout ignorer parfois que trop savoir.

NICOLAS

Bon ! te voilà toujours avec tes fariboles !
Je ne puis là-dessus hasarder deux paroles
Que, par des mots badins lancés d'un ton moqueur,
Tu ne fasses rentrer jusqu'au fond de mon cœur
Les tendres sentiments dont sans cesse il déborde !

MARIANE (souriant)

Et cela te déplaît, Nicot ?

NICOLAS

Miséricorde !
Tu me tiens sans pitié toujours sur les tisons :
Loin de rien éclaircir, tout ce que nous disons
M'embrouille davantage. Et dès que je m'explique
Un peu, crac ! on dirait qu'une mouche te pique,
Et tu files... Mon Dieu ! quelques mots de ta part
Pourtant me suffiraient.

MARIANE

Nous y verrons plus tard.

NICOLAS (d'un ton suppliant)

Mariane ! Pourquoi te montrer si cruelle ?

DUMONT (dans la coulisse)

Nicòlas !

MARIANE

Tiens, voilà le bourgeois qui t'appelle !

NICOLAS (se tournant vers la coulisse)

Oui, monsieur !

(Mariane s'échappe de l'autre côté et Nicolas, la
regardant aller, ajoute :)

Allons bon ! celle-ci qui s'enfuit !

Et l'autre...

DUMONT *(dans la coulisse)*

Nicolas !

NICOLAS *(faisant un soubresaut)*

... qui partout me poursuit !

SCÈNE IV

DUMONT, NICOLAS.

DUMONT

Nicolas !

NICOLAS *(courant à lui)*

Me voilà, monsieur '

DUMONT

Vas-tu paraitre,

Détestable nigaud !

NICOLAS *(à part)*

Il est gentil, mon maître !

DUMONT

Cours porter cette lettre au baron !

NICOLAS *(à part)*

Nom d'un chien !

J'ai beau courir, cela ne nous avance à rien ;
Il leur reste toujours quelque chose à s'écrire.
Allons, pauvre Nicot, en route ! *(Il sort)*

SCÈNE V

DUMONT *(seul, poussant un gros soupir)*

Ah ! je respire !

Dieu merci, les voilà tous payés... et contents.
Mais j'admetttrai, morbleu, qu'ils m'ont mis sur les dents ;
J'en ai vidé ma caisse, et sans mes fonds en banque,
Sur lesquels j'ai tiré, nous aurions eu du manque.
Ce cher baron ! l'on voit, à sa façon d'agir,
Tout l'intérêt qu'il porte à me faire surgir
Du sein de la roture au niveau du grand monde.
Près de lui, c'est un charme, un bonheur qui m'inonde !

Et mon cœur se pénètre, en écoutant sa voix,
D'un suprême dégoût pour les instincts bourgeois.
Je ne veux, désormais, fréquenter que les sphères
Où l'homme est au-dessus des liaisons vulgaires;
Oui, ma place est marquée au sommet des grandeurs.
Décidément, le sort m'a comblé de faveurs!
Déjà mon nom contient la noble particule,
J'ai bon air, je suis riche, en un mot, je cumule
Tout ce qui pose un homme et le met en crédit
Dans les cercles brillants.... Le baron me l'a dit.
Mais, au fait, le moment de sa visite approche.
Il faut que tout ici soit d'un goût sans reproche,
Et que chacun se mette à contribution,
Pour qu'il retrouve en nous l'air de distinction
Qui...

SCÈNE VI

DUMONT, ELISE (*accourant joyeuse un écrin dans les mains*)

ELISE

Regardez, papa, le présent qui m'arrive
De la part du baron, avec une missive
Belle de sentiment, d'élégance et d'esprit!

DUMONT (*examinant l'écrin d'un air satisfait*)

Hein, les jolis bijoux! (*il prend la lettre des mains d'Elise*)
Voyons ce qu'il écrit!

ELISE

C'est un petit chef-d'œuvre, un vrai bouquet de roses!
Oh! qu'il est donc charmant!

DUMONT

Et qu'il fait bien les choses!

ELISE

Oui, tout dénote en lui l'homme de qualité.

DUMONT

Mais j'admire surtout sa libéralité!
A peine eut-il vaincu la noble répugnance
Dont l'affecta d'abord mon offre d'assistance,
Qu'animé tout à coup d'un généreux élan,
Il fit de son passif, en détail, le bilan
Et m'accorda l'honneur de puiser dans ma caisse
Pour en solder la somme. Ensuite, avec tristesse,

Des larmes dans la voix, et tout en rougissant,
Il me prit les deux mains, et d'un ton languissant
Me dit tout bas : (*s'attendrissant*)
      «Merci !» Puis, détournant la tête,
Il pleura. (*s'essuyant les yeux*)
      Moi, je pleure aussi comme une bête,
Quand j'y pense... Quel homme !

ELISE (*avec émotion*)
      Oui, quel cœur généreux !

DUMONT

Nous ne pouvions parler, nous pleurions tous les deux.
Enfin mon noble ami, par un effort suprême,
Réussit à reprendre empire sur lui-même,
Et, poussant ses élans généreux jusqu'au bout,
Il déclara vouloir faire admirer partout,
De ma franche amitié l'action bienfaisante.

ELISE

Les nobles sentiments !

DUMONT
      Et, malgré notre entente,
Il refusa tout net d'en garder le secret.
« Oui, dit-il vivement, je veux être indiscret !
« Et mettant de côté le scrupule et la honte,
« Je ferai mes achats, mon cher, à votre compte. »
Il voulait révéler, ainsi, dans son éclat,
L'excès de mes bontés.

ELISE

Comme il est délicat !

DUMONT

Et, moi, j'eus beau tenter mille arguments pour vaincre
Son généreux dessein, rien ne put le convaincre.
Il me fallut céder, et depuis ce moment
Des gens de tous métiers me viennent constamment
Solliciter le prix des emplettes princières
Qu'à mon compte il leur fait... Bijoutiers et fruitières,
Débitants de tabac, marchands de vin, tailleurs,
Arrivent essoufflés de partout... et d'ailleurs.

ELISE (*avec exaltation*)
Cher papa ! notre sort est bien digne d'envie !

DUMONT

Oui vraiment, mon enfant, et jamais, de ma vie
Je n'ai d'aussi bon cœur prodigué mes écus ;
J'en aurais sans regret dépensé dix fois plus
Pour l'ineffable honneur de compter pour intime
Ce noble personnage, et d'avoir son estime
Au point d'être par lui choisi pour bienfaiteur !

ELISE

Oh ! tout cède aux attraits de son air enchanteur.

DUMONT

Chez lui, rien de mesquin ; il hait la petitesse !
Le don, comme l'emprunt, se fait avec largesse
En passant par ses mains, témoin ce diamant.

ELISE

Oui, cela doit coûter très cher.

DUMONT

                    Evidemment.

SCÈNE VII

LES MÊMES, MARIANE.

MARIANE

On m'a remis pour vous ce billet.

DUMONT (*interdit après avoir lu*)

                    C'est la note

De ces bijoux ! (*regardant tour à tour la lettre du baron et la
note du bijoutier qu'il tient chacune dans une main*)

             Mon Dieu ! quelle étrange marotte
Les possède ! On dirait une course au clocher !
Aussitôt l'achat fait, on en veut empocher
Tout de suite le prix, sans omettre une obole.

ELISE

Ce sont des impudents !

DUMONT

             Oui, d'une triste école.

MARIANE

Celui-ci se trémousse, et tout bas il m'a dit
Qu'on a de forts soupçons...

ELISE

Des soupçons?

DUMONT

Le bandit!

Ose-t-il, par hasard...

MARIANE

Il m'a fait une histoire

A propos de......

DUMONT

De qui?

MARIANE

J'ai refusé d'y croire.

DUMONT

Mais qu'a-t-il dit, voyons?

MARIANE

Vous allez me gronder !

DUMONT

Non, non, parle !

MARIANE

D'abord, j'ai voulu le sonder,
Mais il restait muet.

DUMONT

Tu me mets au supplice!

Achève !

MARIANE

Il me fallut employer l'artifice
Pour vaincre son silence. Enfin, sans rien cacher,
Il me rapporta..., (elle hésite) mais cela va vous fâcher !

ELISE

Oh! parle donc !

DUMONT

Mon Dieu, mais c'est un vrai martyre

De t'écouter.

MARIANE

Eh bien, puisqu'il faut tout vous dire,
Sachez que le baron... Ah ! n'allez point penser
Que j'en croie un seul mot...

DUMONT (*vivement*)

Tu peux te dispenser
De ce long préambule ; achève tout de suite !
Que dit-il du baron ?

MARIANE

Qu'on le soupçonne...

DUMONT

Ensuite ?

MARIANE

D'être le complice...

DUMONT

Hein ?

MARIANE

D'une bande d'escrocs
Qui subsiste aux dépens des naïfs et des sots.

DUMONT

Ah ! morbleu, c'est trop fort !...

ELISE

Voyez l'impertinence !

DUMONT (*s'en allant*)

L'insolent, le... coquin !...

ELISE

Tancez-le d'importance !...

DUMONT

Venir dans ma maison l'insulter ; mille morts !...
Oui, je cours le payer... et le mettre dehors ! (*Il sort*)

MARIANE (*à part*)

Voilà tout ce qu'il veut.

ELISE (*avec hauteur*)

Soyons inaccessibles
A ces basses rumeurs ! (*Elle sort*)

MARIANE

Ils sont incorrigibles !

FIN DU TROISIÈME ACTE.

ACTE QUATRIEME

Le théâtre représente le salon de Dumont.

SCÈNE PREMIÈRE

ELISE, CECILE.

(*Elles sont assises et s'occupent, chacune de son côté, d'un ouvrage de broderie.*)

CECILE

Il est donc vrai, ma sœur, que cet Italien...

ELISE (*vivement*)

Parles-tu du baron ?

CECILE

Son titre n'y fait rien.
Est-il vrai qu'en vantant son nom et sa naissance
Il a pris sur mon père une telle influence,
Qu'avec les airs d'emprunt d'une fausse fierté,
Il puise dans sa bourse en toute liberté ?

ELISE

Il nous fait cet honneur.

CECILE

Mais c'est inconcevable !

ELISE

Eh bien, cela, ma chère, est pourtant véritable.

CECILE

Il va nous ruiner !

ELISE

Tu plaisantes, vraiment.
Mais un tel débiteur, c'est un trésor !

CECILE

Comment ?

ELISE

Son intimité seule, en honneurs, nous procure
Des profits que d'avance il paie avec usure ;
Et c'est du vil métal trop estimer l'attrait
Que de s'inquiéter des emprunts qu'il nous fait.
Les soupirs d'un baron, ses vœux, ses politesses...

CECILE

Ne sont pas des faveurs que l'on paie en espèces.
L'admirateur sincère offre des vœux gratuits ;
Il laisse agir son cœur et ne sert pas tout cuits
Des soupirs apprêtés et mesurés d'avance.

ELISE

Dieu, quel outrage ! Quel... Ah ! je perds patience,
Quand je vois prendre ainsi le bon sens à rebours !

CECILE

Le bon sens perd ses frais à prêcher pour les sourds ;
Et les plus sourds sont ceux qui refusent d'entendre,
Comme dit le proverbe.

ELISE

Allez-vous condescendre,
Enfin, Mademoiselle, à me laisser en paix,
Et ne plus critiquer sur tout ce que je fais ?

CECILE

C'est admettre ses torts que de fuir la critique.

ELISE

Souvent à son auteur la censure s'applique ;
Et les censeurs parfois, comme les faux dévots,
Font un crime au prochain de leurs propres défauts.
En m'accusant d'orgueil ta vanité s'excuse,
Et tu pares ton cœur des dons qu'il me refuse.

CECILE

L'esprit devient cruel quand le cœur se dément.
Ta malice le prouve.

SCÈNE II

Les mêmes, DUMONT

DUMONT

Oui, oui ! décidément
La chance nous poursuit.   Notre comte est en route
Avec les parchemins du baron.

CECILE (*à part*)
Moi, j'en doute.

DUMONT (*à Cécile*)

Hein ?

CECILE

Sans doute.

DUMONT

Ah!

ELISE

Mon Dieu, que tout arrive à point !

DUMONT

N'est-ce pas ?

CECILE (*à part*)

Excepté ce qui n'arrive point.

DUMONT

Nous le verrons ce soir.

CECILE (*à part*)
C'est fort problématique.

DUMONT (*à Cécile*)

Plait-il ?

CECILE

Vous l'attendez par le transatlantique ?

DUMONT

Oui, j'ai vu sa dépêche au baron ce matin.

CECILE (*à part*)

C'est un faux télégramme, ou j'y perds mon latin.

DUMONT

Cécile, il te faut faire un noble sacrifice,
Et brider de ton cœur le malheureux caprice.
Oui, tu dois repousser l'hommage audacieux
De cet Oscar, à qui... d'abord... faute de mieux
Nous avions accordé...

CECILE

                    Quoi ! bannir de mon âme
Un amour dont vos soins ont activé la flamme,
Et rompre du serment le sublime lien !
Mais c'est ternir du coup votre honneur et le mien !

DUMONT

Silence !... j'ai mes droits....

CECILE

                    Vos droits, je les respecte ;
Mais quand vous m'imposez cette union suspecte...

ELISE

Cécile, as-tu juré de flétrir notre nom ?

DUMONT

De nous déshonorer par entêtement ?

CECILE

                    Non !
Je jure de sauver l'honneur de ma famille !

ELISE

En montrant ton dédain pour un homme qui brille
Par la splendeur d'un titre écrit sur parchemin,
Et t'apporte un château, son grand nom et sa main
Pour ton cœur...

CECILE   .

                    Mais le cœur n'est pas, quoi qu'on en dise,
Un objet de trafic, comme une marchandise ;
Et celle qui le donne en retour d'un palais
Met l'amour à l'enchère et l'honneur au rabais.

DUMONT

Ah ! morbleu, c'en est trop !... Cet affront manifeste
Met un comble à l'outrage. Hors d'ici !... Plutôt reste...
Et reçois de ton sort l'inflexible décret...
Les desseins du baron ne sont plus un secret ;

Ta sœur a su lui plaire : elle a sa préférence.
Et bientôt nous serons nobles... par alliance !
Elle a par son exemple indiqué ton devoir;
Cet ami du baron annoncé pour ce soir,
Le comte, hum ! son grand nom me.... m'échappe sans cesse...
Est l'unique héritier d'une antique noblesse.
Tu dois tout employer pour mériter ses vœux.

CECILE

Vous voulez que j'éloigne Oscar ?

DUMONT

Oui, je le veux.

CECILE

Pour lui préférer cet inconnu ?

DUMONT

Je l'exige !

CECILE

Mais cela brisera mon cœur !

DUMONT

Noblesse oblige !
Oui, tes goûts roturiers n'ont qu'à s'évanouir,
Et promptement.

SCÈNE III

Les mêmes, MARIANE

MARIANE (*accourant*)

Voici de quoi vous réjouir ;
Le baron nous arrive en superbe équipage,
Muni de beaux chevaux, d'un cocher et d'un page,
Tout galonnés d'argent.

DUMONT

Le baron !

ELISE

Ah ! je suis
Tremblante...

DUMONT (*agité*)
Rendons-lui tous les honneurs requis.

(*à Mariane*)

Cours l'introduire.

                  (*Mariane sort.*)

SCENE IV

Les mêmes, moins MARIANE

DUMONT (*excité*)

          Elise !... es tu bien toute prête ?

ELISE (*s'exhibant*)

Oui, papa, voyez !

DUMONT

     Rien ne manque à ta toilette ?

ELISE (*avec exaltation*)

Non, non, rien.

DUMONT (*de même*)

Calmons-nous !

ELISE

       Je sens battre mon cœur !

SCENE V

Les mêmes, FAQUINO.

FAQUINO (*à la cantonnade*)

Merci !

DUMONT (*faisant un soubresaut*)

Grand Dieu, c'est lui !

FAQUINO (*saluant profondément*)

      Mesdames, j'ai l'honneur !

(*à Dumont*)

Mon excellent ami !

        (*ils se donnent la main*)

DUMONT (*à part*)

     Tâchons de nous remettre.

FAQUINO

Obéissant au vœu marqué dans votre lettre,
J'ai tout laissé sur l'heure, et me voici.

DUMONT

              Vraiment,
Je suis très honoré de votre empressement.

FAQUINO

C'est un faible tribut de ma reconnaissance,
Et l'effet d'un penchant dont la douce influence
Me conduit sans effort dans vos foyers bénis
Où séjournent la grâce et l'esprit réunis.

ELISE

L'esprit séjourne ici, baron, quand vous y êtes.

FAQUINO

Vous cueillez l'abondance où je glane les miettes.

CECILE

Pardon. A cet égard vous l'emportez sur nous :
L'abondance nous fuit pour arriver chez vous.

DUMONT (*bas à Cécile*)

Tu veux donc jusqu'au bout te montrer détestable !

FAQUINO (*à Cécile*)

Ah ! vous êtes pour moi mille fois trop aimable !

CECILE (*bas à Dumont*)

Vous voyez qu'il n'est pas de votre sentiment.

FAQUINO (*à Cécile*)

Vous avez le secret d'exprimer gentiment
De vos impressions la nuance précise.

CECILE

Je n'avais pas l'espoir d'être aussi bien comprise.

FAQUINO

Ni moi d'être par vous de la sorte jugé.

CECILE

Et compris.

DUMONT

(*qui a suivi la conversation avec inquiétude*)

    Mais sans doute ! Enfin...

FAQUINO (*embarrassé*)

                Très obligé,
Mademoiselle... pour... de votre... sympathie...
Tant d'honneur me confond.

CECILE

             C'est trop de modestie.

FAQUINO (*reprenant de l'aplomb*)

Cela vous étonne?

CECILE

          Oui, sous vos dehors galants.
La modestie omet les apparats brillants ;
Et chez un grand seigneur de votre... provenance,
On est toujours surpris d'en trouver l'apparence.

DUMONT (*à Elise*)

Dis un mot en passant du cadeau qu'il t'a fait.

FAQUINO (*à part*)

Elle a des soupçons. Bah ! payons d'audace !

DUMONT (*à Faquino*)

                    Au fait,
Vous nous avez produit une aimable surprise.

ELISE

Oui, ces bijoux, baron, sont d'une grâce exquise.

FAQUINO

Leur éclat disparaît sous l'éclat de vos yeux.

ELISE (*baissant la vue*)

Ah ! vous êtes vraiment bien trop élogieux !

DUMONT (*à Faquino*)

Et votre ami?

FAQUINO

        Le comte ? Il arrive ce soir.

ELISE

Ah ! tant mieux !

DUMONT

     Nous serons enchantés de le voir.

FAQUINO

Toujours hospitalier !

DUMONT

Vos amis sont les nôtres.

ELISE

Ils sont les bienvenus.

CECILE

En vient-il beaucoup d'autres ?

(*Dumont fait un geste terrible à Cécile*)

SCENE VI

(*Les mêmes,* MARIANE, *puis* OSCAR)

MARIANE (*annonçant*)

Monsieur Oscar Dange !

(*Elise fait un signe de mécontentement, Cécile un signe de conster-
nation.*)

DUMONT (*troublé*)

Hein ? (*à part*) Peste ! il va tout

CECILE (*à part*)

Il a tout compromis en voulant tout hâter !

FAQUINO (*à Dumont*)

Quel est ce personnage ?

DUMONT

Oh ! personne. (*à Mariane*) Qu'il entre.
(*à Faquino*)
Un jeune homme assez vain pour se croire aimé.

FAQUINO

Diantre !

DUMONT

De Cécile...

FAQUINO (*à Dumont*)

Un rival pour le comte !

DUMONT (*à Faquino*)

Un manant !

(*d'un air déterminé*)
Je vais lui faire voir...
(*à part, voyant entrer Oscar*)
C'est diablement gênant !

OSCAR (*s'avançant vers Dumont*)

Mon cher monsieur Dumont!...

DUMONT (*avec hauteur*)

Monsieur, je vous salue !

OSCAR (*reste un moment surpris, se retourne
et salue Elise et Cécile*)

Mesdames !...

(*Elise salue froidement, Cécile timidement, Oscar les regarde
tour à tour et ajoute à part*)

Tiens !... toujours la même retenue
Chez chacun d'eux !...

DUMONT (*négligemment*)

Baron, monsieur Dange, avocat !

(*Oscar et Faquino se saluent avec réserve*)

FAQUINO

Vous pratiquez, Monsieur, un métier délicat.

OSCAR

Cela dépend, ma foi, de celui qui l'exerce.
Plutôt que l'art souvent c'est le métier qui perce.

(*Cécile et Oscar forment un groupe d'un côté; Faquino, Dumont et
Elise de l'autre*)

FAQUINO (*à Dumont et à Elise*)

Ce jeune homme paraît d'un esprit peu brillant.

ELISE (*à Faquino*)

Un jeune impertinent !

DUMONT (*de même*)

Un fat, un intrigant,
Qui prétexte l'amour pour atteindre ma caisse.

FAQUINO

Au rang des malfaiteurs par ce trait il s'abaisse;
Tous ces faux amoureux, ces vils chasseurs de dots,
Sont des gens qu'on devrait confiner aux cachots.

(*Cécile et Oscar se rapprochant du groupe entendent ces derniers
mots*)

OSCAR (*à part*)

C'est fort bien, nous allons tâcher de vous y mettre.

DUMONT (à *Faquino*)

Le parvenu, chez nous, ose tout se permettre ;
Son audace est égale à sa vulgarité ;
Il réclame partout l'entière égalité ;
Des plus antiques noms l'on ne tient aucun compte ;
C'est le rang qui s'efface et la plèbe qui monte ;
Au point que l'artisan du plus modeste état
Peut arriver un jour à gouverner l'Etat.

FAQUINO

Vraiment, votre pays offre un bien triste exemple
D'abus qu'avec regret l'honnête homme contemple.
Lorsqu'un peuple s'oublie et se laisse aveugler
Par ceux qui méchamment veulent tout niveler,
Et qu'il cede à l'instinct révolutionnaire
En abaissant le noble au rang du prolétaire,
Sa gloire est à son terme et ses jours sont comptés.

OSCAR

Vos principes, Monsieur, sont un peu haut montés ;
D'un vol vous atteignez des hauteurs inconnues,
Et pour nous observer vous planez dans les nues.
Veuillez donc, s'il vous plaît, redescendre ici-bas,
Et voir ce que, là-haut, vous n'apercevez pas.

FAQUINO (*piqué*)

Ce langage, Monsieur, sent un peu la critique
Et je n'ai pas le goût...

OSCAR

            Permettez, je m'explique.
La noblesse à nos yeux n'exclut pas le respect,
Quand son identité n'offre rien de suspect.
Mais nous nous défions des porteurs de faux titres
Qui nous viennent parfois débiter par chapitres
L'éloge extravagant de leur fausse grandeur ;
Et si vous permettez qu'avec toute candeur
Je vous dise en deux mots le fond de ma pensée,
C'est peine superflue, inutile, insensée,
Que d'étaler ici l'éclat dispendieux
Des cours, et d'échanger le neuf contre le vieux,
En plantant dans le sol de la jeune Amérique
Ce reste des vieux temps: « l'arbre aristocratique.»
Sur notre continent, le titre est un détail,
Et la distinction le produit du travail.

DUMONT (*à part*)

Quelle perversion !... Vraiment, c'est trop d'audace !
Il faut que sur le champ je le mette à sa place.

FAQUINO

Monsieur, votre système est la contrefaçon
De l'ordre social.

DUMONT

Oui, vous avez raison !

FAQUINO

Nos aïeux sont notés aux pages de l'histoire,
Leurs blasons vénérés rappellent la mémoire
Des sublimes vertus et des faits glorieux
Dont nous conservons tous le souvenir pieux.

DUMONT

Oui, morbleu ! c'est cela.

FAQUINO

Votre jeune patrie
Doit avoir sa noblesse et sa chevalerie.

OSCAR

Voulez-vous donc ici transporter les splendeurs
Qui de tout l'ancien monde encombrent les hauteurs ?
Des titres devons-nous commencer la recherche,
Et sur de vieux blasons faudra-t-il qu'on se perche
Pour trouver des grandeurs le niveau chancelant ?
Non. Dans notre hémisphère on ne croit qu'au talent ;
Les honneurs n'y sont pas de ceux dont on hérite ;
Notre aristocratie est celle du mérite.

FAQUINO

Blâmez-vous le sujet que son prince anoblit ?

OSCAR

En voulant s'élever souvent l'on s'avilit.

(*Dumont gesticule avec fureur*)

Une distinction s'impose à notre estime,
Quand elle est au mérite un tribut légitime ;
Mais nous répudions les titres inconnus
Et les honneurs par l'or ou l'intrigue obtenus.

(*Faquino reste interdit*)

DU MONT (*éclatant*)

Apprenez que je suis, moi, d'un avis contraire !

OSCAR (*à qui Cécile fait un signe de supplication*)

En ce cas, par respect, je n'ai plus qu'à me taire.

DU MONT (*avec hauteur*)

A votre aise.

(*tournant le dos à Oscar*)

Baron, passons de ce côté.

FAQUINO (*reprenant de l'aplomb*)

Volontiers.

(*Il offre le bras à Elise, et sort avec elle et Dumont. Cécile, qui a
fait mine de les suivre, s'arrête sur le seuil*)

SCENE VII

CECILE, OSCAR

OSCAR (*à part*)

Quel affront !... Me voir ainsi traité !

CECILE (*à part*)

Au risque d'encourir l'effet de sa colère,
Je reste.

OSCAR

Pouvait-on se montrer plus sévère !
Est-ce assez m'imposer d'humiliation !

CECILE

Oscar, je vous supplie, ayez compassion
Pour ma peine !... Ecoutez... Ah ! je suis bien à plaindre !
Mon père est inflexible.

OSCAR

Il ose vous contraindre,
Malgré la foi jurée, à briser notre amour !

CECILE

Que faire ?

OSCAR

Laissez-moi vous parler sans détour

CECILE

Parlez.

OSCAR

Si vous m'aimez comme je vous adore...
Fuyons...

CECILE

Fuir ?... Vous voulez que je me déshonore !
Cette route inconnue où, sans vous défier,
Vous voulez m'entraîner, Oscar !...

OSCAR

C'est le sentier
Qui conduit au bonheur.

CECILE

Qui conduit à l'abime.
On ne peut arriver au bonheur par un crime.

OSCAR

Et vous me refusez ?

CECILE (à part)

Mon Dieu, soutenez-moi !

OSCAR

Répondez !

CECILE

Le devoir est ma suprême loi.

OSCAR

Quoi ! votre honneur ainsi d'un serment se dispense ?

CECILE

L'enfant doit à son père entière obéissance.

OSCAR

Et vous nommez cela, Cécile... ?

CECILE

Mon devoir.

OSCAR

Mais, lorsqu'un père aveugle abuse du pouvoir
Qu'il a reçu du ciel, et que, par pur caprice,
D'un vil conspirateur il se fait le complice...

CECILE

Silence ! Devant moi n'osez pas discuter
L'honneur de mon père. Ah ! vous voulez imputer

A ses actes des torts que l'équité condamne !
Et vous croyez que, moi, je permettrai qu'il plane
Sur ses intentions un doute injurieux !
Oh ! je vous aime, Oscar ! mais j'aime encore mieux
L'intégrité du nom qu'avec orgueil je porte.
Quelque obstacle à nos vœux que sa rigueur apporte,
Le respect sur l'amour chez moi doit prévaloir.

OSCAR

Mais ses motifs, enfin, vous devez le savoir,

CECILE

Des motifs paternels l'enfant n'est pas le juge.

OSCAR

C'est fort beau ! Le devoir vous fournit un refuge
Contre un amour qui nuit à vos projets pompeux.

CECILE   •

Oscar, vous m'outragez.

OSCAR

                    Mais je prends vos aveux.
Vous n'avez que dédain pour les amours vulgaires
Qui hantent sans éclat les sentiers ordinaires.
Suivez donc désormais les sublimes élans
Qui portent votre cœur vers ces nobles galants
Qu'un hasard généreux a jetés sur nos rives
Pour captiver l'esprit des beautés... sensitives !

CECILE

Ce gros sarcasme, Oscar, est une cruauté
Qui répugne au bon sens comme à la loyauté.
Mon cœur, vous le savez, n'a pas ces goûts volages
Pour les titres d'emprunt et les faux étalages,
Dont si brutalement vous osez m'accuser ;
Et c'est de ma tendresse indûment abuser
Que de venir ainsi, pour des raisons frivoles,
Travestir mes motifs en tronquant mes paroles.
Ma foi vous est acquise et, nonobstant vos torts,
Je vous aime toujours...

OSCAR

                    Eh ! que veut dire alors
Cette attitude altière et cette résistance,
Quand je veux par l'hymen unir notre existence ?
Vous avez droit...

CECILE

J'ai droit de consulter mes goûts ·
Et d'écouter mon cœur dans le choix d'un époux ;
J'ai droit de résister à l'ordre tyrannique
De former sans amour une alliance inique,
Répugnant à mes vœux comme à ma dignité ;
Le contrôle d'un père est par Dieu limité ;
Son pouvoir se termine où l'outrage commence ;
Mais jamais avec droit l'enfant ne se dispense
De son autorité pour compléter les nœuds
Eternels et sacrés de l'hymen.

OSCAR

Dites mieux :
Tous ces beaux sentiments dont vous donnez le texte
Arrivent à propos pour fournir un prétexte
A votre trahison.

CECILE

Assez, Monsieur, assez !
Laissez-moi seule ici pleurer.

OSCAR

Vous me chassez ?
Très bien, je pars.

CECILE

Partez, puisque mon infortune
Loin de vous attendrir, hélas ! vous importune.

OSCAR

Ma présence vous pèse.

CECILE (avec dépit)
En effet.

OSCAR

Je le sais ;
Et vous ne m'aimez plus.

CECILE

Je crois que je vous hais.

OSCAR

Et si ce comte ici finissait par paraître,
Vous lui feriez l'accueil d'un prétendant !

CECILE

Peut-être.

OSCAR

Et vous l'épouseriez.

CECILE

Qui sait?

OSCAR

Précisément.
L'ardeur du faux amour s'eteint fort aisément.

CECILE

Vous en donnez la preuve.
(on entend tousser Dumont dans la coulisse)

Ah ! mon père !... De grâce !...
S'il vous retrouve ici !...

OSCAR (se troublant)

Que faut-il que je fasse ?

CECILE

Cachez-vous, vite, vite !...

OSCAR

Où me cacher ?

CECILE

Partout !

(l'entraînant)
Courez de ce côté !... Non! non! à l'autre bout !
(le poussant derrière un écran)
Bon, là, ne bougez pas. (à part) Ah ! c'est un vrai supplice !
Je ne puis de sa part souffrir cette injustice,
Et pour le corriger de son vilain soupçon,
Je vais un peu lui faire en passant la leçon.
(voyant entrer Dumont)
Ciel ! je tremble ! courage !

SCENE VIII

Les mêmes, DUMONT

DUMONT

Ah ! te voilà, Cécile ?

CECILE (*tremblante*)

Oui, mon père.

DUMONT

Très bien.

CECILE (*à part, regardant du côté de l'écran*)

Pourvu qu'il soit tranquille.

DUMONT (*l'observant*)

Qu'as-tu donc ?

CECILE

Moi ? Rien.

DUMONT

Mais pourquoi de ce côté

Regardes-tu ?

CECILE

Pour rien.

OSCAR (*à part avec dépit*)

Me voici bien posté !

DUMONT (*indiquant l'écran*)

Chut ! Ecoute.   Il me semble entendre quelque chose.

CECILE

Non.   C'est quelque étourneau perché là, je suppose.

(*elle indique une fenêtre ouverte au-dessus de l'écran*)

OSCAR (*à part*)

Un étourneau ! Parbleu, c'est flatteur !

DUMONT (*à Cécile*)

Quoi ?

CECILE

Comment ?

DUMONT (*regardant du côté de l'écran*)

Quelqu'un parle, je crois.

CECILE

C'est moi.

DUMONT

Toi ? mais....

(Il suit de l'œil Cécile qui porte un regard inquiet vers l'écran)

OSCAR *(à part)*

Vraiment,
Ma situation devient intolérable.

DUMONT *(fixant Cécile)*

D'où vient ce trouble ?

CECILE

Hélas ! je crains d'être coupable,
Mon père...

OSCAR

Coupable...

DUMONT *(surpris)*

Hein ? je n'ai pas bien compris.

CECILE

Oui, je... j'ai réfléchi...

(Dumont fait un geste de satisfaction)

OSCAR *(à part)*

Mais a-t-elle entrepris
De me pousser à bout ?

DUMONT *(avec ravissement)*

Et ton âme contrite
Se soumet à mes vœux ?

OSCAR *(à part, voulant s'élancer)*

Oh ! je me précipite !

CECILE

Ma foi...

OSCAR

Cruelle !

DUMONT

Enfin...

OSCAR *(à part, trépignant de colère)*

Je suis au désespoir !

DUMONT

Notre comte... ?

CECILE

Mon Dieu !... vous me le ferez voir.

DUMONT (*éperdu*)

Tu... tu consens ?

OSCAR (*à part*)

Vraiment, ceci passe les bornes !

DUMONT

Et les amours d'Oscar ?

CECILE

Oh ! je les trouve mornes.

OSCAR (*à part*)

Ah ! par exemple !

CECILE

Et puis je le dis entre nous,

OSCAR (*à part*)

Voyons.

CECILE

Il est colère, et... je le crois jaloux.

DUMONT (*saisissant la main de Cécile*)

Cécile, mon enfant !...

OSCAR (*à part*)

Mais c'est une infamie !

DUMONT (*avec émotion*)

Que tu me rends heureux !... Vrai, ma petite amie,
Tu recevras le comte ?

CECILE

Eh bien... je... j'essaierai.

DUMONT

Et tu l'épouseras ?

OSCAR (*surgissant de derrière l'écran*)

Non, je l'empêcherai !

CECILE (*épouvantée*)

Ah !...

DUMONT (*après un soubresaut*)

Vous ici, Monsieur ?...

OSCAR

Oui, moi, pour vous confondre !
Je suis trompé, trahi !... Mais je puis vous répondre
Que...

DUMONT (*furieux*)

Vous écoutiez, là, tout ce que nous disions,
Assumant sans dédain le rôle des espions !
C'en est trop !

(*Oscar reste interdit*)

CECILE (*à part*)

Qu'ai-je fait !

OSCAR (*à Cécile avec amertume*)

Votre œuvre est accomplie !

DUMONT (*impérieusement*)

Jeune impudent, sortez !...

CECILE (*s'interposant*)

Oh ! je vous en supplie !

OSCAR

Permettez...

DUMONT (*à Oscar*)

M'avez-vous compris ?

OSCAR

Oui, je comprends
Qu'on manque à sa parole... Eh bien, je vous la rends.
Adieu, Cécile !

(*il sort*)

DUMONT (*à Cécile qui reste accablée*)

Ainsi, ton repentir précoce
N'était qu'un faux-fuyant ! Oh ! je deviens féroce,
Oui, sous ce feu roulant de contrariétés
Dont je trouve partout mille variétés !

(*il sort*)

SCENE IX

CECILE (*seule*)

D'un fol emportement voilà la conséquence !
Adieu bonheur, amour, rêves depuis l'enfance

Célestes visions qu'un doux rayon d'espoir
Dans son prisme enchanteur me laissait entrevoir !
Vous fuyez ! et mon cœur qu'avaient séduit vos charmes
N'a plus que des regrets impuissants... et des larmes !

FIN DU QUATRIEME ACTE

ACTE CINQUIÈME

Le théâtre représente le salon de Dumont.

SCÈNE PREMIÈRE

NICOLAS, MARIANE

(*Nicolas, en livrée, dans une attitude gauche, empêtrée ; Mariane le regarde en riant aux éclats*)

MARIANE

Ah ! mon Dieu, qu'il est drôle !

NICOLAS

Hum !... drôle !... c'est-à-dire...

MARIANE

Te voilà joliment harnaché !

NICOLAS

Tu peux rire !
Oui, c'est divertissant ! ainsi s'encarcaner,
Et voir autour de soi le monde ricaner !
Mariane, mon sort devient insupportable,
Et j'aime cent fois mieux tout envoyer au diable,
Oui, que de figurer dans cet accoutrement !
Je veux comme un chrétien m'habiller ; autrement,
Point d'affaire !

MARIANE (*riant toujours*)

D'où vient cette étrange toilette ?

6

NICOLAS

Hé ! c'est notre bourgeois qui m'en a fait l'emplette.

MARIANE

A-t-il perdu la tète ?

NICOLAS

Il dit pour ses raisons
Que l'on s'habille ainsi dans les bonnes maisons ;
Et qu'il faut désormais...

(*Mariane étouffe un fou rire*)

Oui, toi, cela t'amuse !
Et loin de compatir à ma misère...

MARIANE

Excuse...

(*elle rit*)

Excuse-moi, Nicot, mais c'est vraiment plus fort...

(*elle rit*)

Oui, c'est plus fort que moi...

(*elle rit*)

NICOLAS

Juste ! voilà mon sort,—
De toujours à tes yeux paraitre ridicule !

MARIANE

Mais...

(*elle rit*)

NICOLAS (*gesticulant*)

Tiens ! finissons-en ! je veux être une mule,
Un imbécile, un, un... tout ce que tu voudras,
Si...

MARIANE (*pouffant de rire*)

Prends garde, Nicot, n'étends pas trop les bras,
Tu peux faire éclater ton gilet...

NICOLAS (*furieux*)

Ah ! morguenne !
Il n'est plus avec toi patience qui tienne !
Et puisque contre moi tu te mets du complot,
Bonjour !

(*il se dirige vers la porte*

MARIANE (*le poursuivant*)

Hé ! Nicolas !...

NICOLAS (*sortant*)

Oui, je m'en vas...

MARIANE

Nicot !...

SCÈNE II

MARIANE (*seule*)

Mon Dieu, qu'il est fâché ! Mais ceci me rassure :
Le dépit violent n'est pas celui qui dure.
Il va comme toujours s'apaiser en chemin,
Pour revenir contrit et le cœur sur la main...
Pauvre Nic !

SCÈNE III

CECILE, OCTAVE, MARIANE

OCTAVE (*à Cécile*)

Vraiment, je ne puis le comprendre ;
Il s'obstine, se fâche et ne veut rien entendre.

CECILE

Oh ! n'importe ! il le faut...
(*apercevant Mariane*)
Oui, Mariane, cours
Prévenir mon père.

(*Mariane sort*)

SCENE IV

CECILE, OCTAVE

CECILE

Ah ! c'est mon dernier recours.
Plus d'hésitation, car la mesure est pleine ;
Il a promis la main de ma sœur et la mienne
A ces aventuriers ;... je ne subirai pas
Un tel outrage... Non ! non ! plutôt le trépas !

OCTAVE

Espérons, mon enfant ! Dieu nous sera propice.
L'honneur et le bon droit dominent l'injustice.
Tes nobles sentiments, par le malheur grandis,
Auront bientôt raison de ces affreux bandits.

CECILE

Espérons, puisqu'enfin vous voulez que j'espère ;
Et prions pour que Dieu désabuse mon père.
Mais Oscar !

OCTAVE

Oscar ?

CECILE

Oui, je l'ai bien maltraité.

OCTAVE

Mais il ne se plaint pas, lui, de l'avoir été.

CECILE (*avec émotion*)

Il ne m'en veut pas ?

OCTAVE

Non.   Il s'accuse, au contraire ;
Il dit s'être montré brutalement sévère.
Il m'a même chargé d'implorer ton pardon,
Et de jurer pour lui que jamais...

CECILE (*avec chaleur*)

Qu'il est bon !
Qu'il est grand, mon Oscar ! Ah ! dites-lui...

OCTAVE

Sans doute,
Sans doute... c'est connu... mais ce que je redoute,
Ce n'est pas, mon enfant, ton courroux ni le sien.
L'orage entre amoureux ne brisa jamais rien.
Il ne fait qu'enlever au froment son ivraie,
Et séparer l'or pur de la fausse monnaie ;
C'est pourquoi votre amour, ma chère, a résisté
A votre querelle.

CECILE (*joyeuse*)

Ah !

OCTAVE

Son cœur est attristé,

Mais...

CECILE (*vivement*)

Il m'aime toujours!...

OCTAVE

Hé, mon Dieu, il t'adore !

CECILE (*avec volubilité*)

Cher oncle, dites-lui que je... je l'aime encore ;
Que je regrette... enfin... que j'ai beaucoup pleuré......
Qu'il est généreux !...

OCTAVE

Oui ! oui !

CECILE

Qu'il est adoré !

Que toujours...

OCTAVE

Oui, fort bien, je connais la formule
Et j'aurai, j'en suis sûr, un auditeur crédule,
Saisissant tous les mots et leurs sous-entendus
Avant que de ma bouche ils se soient répandus.

CECILE

Que vous êtes gentil !

OCTAVE

Bon... mais cherchons, Cécile,
Comment désabuser ton père.

CECILE

Oh ! c'est facile.

OCTAVE

Hum ! facile...

CECILE

Oui. D'abord, ce prétendu baron
N'est qu'un imposteur.

OCTAVE

Soit.

CECILE

Qu'un vulgaire larron.

OCTAVE

Mais la preuve?

CECILE

Hé ! j'en ai l'assurance formelle
D'un témoin de ses vols.

OCTAVE

De qui?

CECILE

De Jean Brunelle.

OCTAVE

Hein? Brunelle!   Ce nom ne m'est pas inconnu.

CECILE

C'est un nouveau cousin qui nous est survenu,
Et qui, depuis huit jours, suit notre homme à la piste.

OCTAVE (*réfléchissant*)

Un cousin !

CECILE

Oui...

OCTAVE

Grand Dieu !

CECILE

. Quoi donc?

OCTAVE

Rien !

CECILE (*effrayée*)

Ah ! j'insiste !

OCTAVE

Jean Brunelle ! mais c'est... c'est l'enfant de ma sœur.

CECILE

Oui, sans doute ; un brave homme au surplus...

OCTAVE

Ah ! malheur!
Quel effrayant soupçon s'empare de mon âme !

CECILE

Un soupçon ?

OCTAVE (*sans l'entendre*)

Plus de doute !

CECILE

Expliquez-vous !

OCTAVE

L'infâme !

CECILE

Parlez !

OCTAVE

Le brigand !

CECILE

Lui ! Serait-il soupçonné ?

OCTAVE

Non, pas lui !

CECILE

Mais alors ?...

OCTAVE (*avec émotion*)

Ils l'ont assassiné !

CECILE

Assassiné ? Mais, non ! non ! je ne puis le croire !

OCTAVE

Oui, les faits sont encore tout frais à ma mémoire.
Mon journal les donnait en détail ce matin.

(*tirant un journal de sa poche*)

Justement, le voici.

(*il lit*)

« Hier soir, des promeneurs attardés ont découvert, étendu sur
le pavé dans une ruelle déserte, un inconnu frappé d'une balle à
la tête. Son mouchoir est marqué des initiales : J. B.

« Le malheureux quoique insensible, respirait encore. On le
transporta à l'hôpital, où il est mort, dit-on, dans le cours de la
nuit. Tout porte à croire que cet étranger s'est suicidé. »

CECILE (*émue*)

Ce n'est que trop certain !

Mon Dieu !...

(*elle se cache le visage dans les mains et s'appuie contre un meuble.*)

OCTAVE (*courant à elle*)

Cécile...

CECILE

Hélas ! mon pauvre Jean Brunelle !

OCTAVE

Chère enfant !

CECILE

Il est mort victime de son zèle !
Avec lui disparaît notre dernier espoir.
Désormais Faquino nous tient en son pouvoir !
Le crime est triomphant !

(*sortant supportée par Octave*)

Que faire ? Ciel ... que faire ?

OCTAVE (*seul*)

Pauvre petite !... hélas !... Mais que fait donc son père ?
Ah ! voici Mariane...

SCÈNE V

OCTAVE, MARIANE

OCTAVE

Eh bien ?

MARIANE

Notre bourgeois
Vous invite à venir plutôt une autre fois.
Il est très occupé, dit-il, et son notaire
Lui fait un long détail d'une ennuyeuse affaire.
C'est le contrat, je crois...

OCTAVE

D'Elise ?...

MARIANE

Justement !

OCTAVE (*avec empressement*)

Où s'est-il retiré ?

MARIANE

Dans son appartement.

OCTAVE (*sortant*)

Il en est encor temps !

MARIANE

Vous allez ?

OCTAVE

Les rejoindre.

MARIANE (*seule*)

La tempête, je crois, déjà commence à poindre.

SCENE VI

MARIANE, FAQUINO, TREMOUSSET

FAQUINO

La petite !

MARIANE

Monsieur?

FAQUINO

Faites-moi le plaisir

D'annoncer...

MARIANE

Oui, Monsieur (*à part*) Peut-on si mal choisir !...
Ah ! ma pauvre maîtresse, elle a le goût bizarre !

(*elle sort*)

SCÉNE VII

FAQUINO, TREMOUSSET

FAQUINO (*mystérieusement*)

Hein ? me suis-je montré d'une habileté rare ?

TREMOUSSET (*ayant regardé autour de lui*)

Admirable ! Ta balle est venue à propos
Me tirer d'embarras et le mettre au repos.
Ah ! quel démon ! Ses yeux lançaient des étincelles !
Et quel coup de poing !... Brrr !... j'en ai vu cent chandelles.
On eût dit franchement qu'un canon le poussait.

FAQUINO

Oui, tu l'as paré bel, mon pauvre Trémousset !
Mais, enfin, nous voilà délivrés du seul homme

Qui pouvait nous gêner... et notre affaire, en somme,
Marche bien. Dans l'instant nous signons le contrat ;
Je toucherai la dot d'Elise... *et cœtera*...

TREMOUSSET

Très bien !

FAQUINO

Même je veux, par quelque manigance,
Dès ce soir obtenir du beau-père une avance
Sur la dot susdite.

TREMOUSSET

Oh !... Mais !...

FAQUINO

C'est plus certain.

TREMOUSSET

Soit.

FAQUINO

Je préfère traiter au comptant.

TREMOUSSET

C'est ton droit.

FAQUINO

Il est bon de savoir, au seuil du mariage,
Sur quoi se fier ! Hein ! qu'en dis-tu ?

TREMOUSSET

C'est plus sage.

FAQUINO

Evidemment, mon cher.

TREMOUSSET

Oui, surtout quand on est
Dans le cas de filer avant l'heure.

FAQUINO

Indiscret !

TREMOUSSET (*regardant autour de lui*)

Hein !

FAQUINO

N'anticipons pas sur l'avenir, mon drôle ;
Et tiens-toi prêt surtout à bien jouer ton rôle...

TREMOUSSET

A propos, ce grand nom dont tu m'as décoré
Sonne bien à l'oreille et j'en suis honoré,
Mais il est beaucoup trop étiré pour mon compte
Et j'en perds la mémoire... je suis monsieur le comte
De... de ... comment ?.... *Monte... Monte...*

FAQUINO (*riant*)

Monte toujours.

TREMOUSSET

Monte... belli... cano ?...

FAQUINO

Tout juste... Et tes amours
Avec cette cruelle et farouche Cécile
Font-elles du progrès ?

TREMOUSSET

La tâche est difficile.

FAQUINO

Il faut les cultiver.

TREMOUSSET

Je les cultive aussi.
Malheureusement...

FAQUINO

Quoi ?

TREMOUSSET

C'est un cœur endurci.

FAQUINO

Qu'on peut attendrir.

TREMOUSSET

Hum !

FAQUINO

Persiste.

FREMOUSSET

Oh ! je persiste ;
Mais plus je suis pressant, plus elle me résiste,
Et si je ne me trompe, au train que nous allons,
Je n'aurai de sitôt planté quelques jalons

Dans les champs parfumés de... de... de l'hyménée.
Tiens ! je deviens poète ! Et ma muse obstinée
M'entraîne malgré moi.

FAQUINO

Suffit.   Tenons-nous prêts ;
Et soignons bien surtout nos petits intérêts.

SCÈNE VIII

LES MÊMES, DUMONT

DUMONT (dans la coulisse)

Impossible, mon frère, aujourd'hui de t'entendre !
(Il change, en entrant, son air courroucé en un air aimabe

FAQUINO

Le voilà !
(Il échange des signes avec Trémousset)
DUMONT (leur serrant la main)
Chers amis ! je vous ai fait attendre...

FAQUINO

Allons donc !

DUMONT

Mon notaire était à m'expliquer
Le contrat.

FAQUINO
Point d'erreurs ?

DUMONT

Non, rien à répliquer.

FAQUINO

Ce matin, en passant, il m'en a fait lecture,
Et je n'ai pas eu lieu d'y faire une rature.

DUMONT

Alors, puisque tous deux nous en sommes contents,
Il nous reste à signer.

FAQUINO
Fort bien.

TREMOUSSET (bas à Faquino)
C'est le bon temps

Pour notre manigance.

FAQUINO (*bas à Trémousset*)

Oui, oui, laisse-moi faire.

DUMONT

Je ferai dans l'instant prévenir le notaire.

FAQUINO

A votre aise. Ah ! pourtant...

(*il tire sa montre*)

Tiens, je suis en retard !...

Mais n'importe...

DUMONT

Quoi donc ?

FAQUINO (*avec indifférence*)

Oh ! rien. C'est à l'égard
De l'acquisition que ce matin j'ai faite
D'une maison de ville élégante et coquette,
Nid charmant pour passer notre lune de miel.

DUMONT

Ah ! vraiment ! Mais en quoi. . . ?

FAQUINO

Le point essentiel,
C'est qu'il faut qu'aujourd'hui même mon vendeur touche
Le prix de son immeuble.

DUMONT

Eh bien ?

TRÉMOUSSET (*à part*)

La fine mouche !

FAQUINO

Sans quoi la vente est nulle.

DUMONT   .

Alors il faut payer.

FAQUINO

Précisément. J'allais courir chez mon banquier,
Pour passer à l'escompte une lettre de change.

DUMONT

Ah !

FAQUINO (*regardant sa montre*)

Mais . . . il est . . .

DUMONT (*regardant sa montre*)
Oui, trop tard.

TREMOUSSET (*à part*)
Voilà que ça s'arrange.

FAQUINO

C'est fâcheux, j'en avais calculé le montant
De manière à pouvoir vous remettre au comptant
Vos avances. . .

DUMONT
Mon cher, cette délicatesse
En un pareil moment, de votre part, me blesse.
Mettez donc le scrupule un instant de côté
Et réglons votre achat.

TREMOUSSET (*à part*)
Hé, c'est toute beauté !
Le bonhomme est tombé comme un rat dans le piège

FAQUINO

Mais. . .

DUMONT
Point d'excuse.

TREMOUSSET (*à part*)
Allons, bon ! voilà qu'il l'assiège.

DUMONT *(plaisamment)*
Quand un futur beau-père ordonne. . .

FAQUINO
Permettez. . .

DUMONT
Non, je ne permets pas. . . D'abord vous remettez
Cet escompte à demain.

FAQUINO
Mais, d'ici là, que faire ?

DUMONT
Mon. Dieu !. . . toucher la dot et solder votre affaire.

FAQUINO

La dot de votre fille !

TREMOUSSET (*à part*)

Il est pris tout de bon.

FAQUINO

Payée avant la noce ! Au comptant !

DUMONT

Pourquoi non?

Le placement est sûr.

TREMOUSSET

Oui, c'est incontestable.

DUMONT

Vous le consolidez par un titre valable.

(*à Trémousset*)

Qu'en dit monsieur le comte?

TREMOUSSET

Exactement.

DUMONT

Très bien.

FAQUINO

Songez donc. . .

DUMONT

Inutile.

TREMOUSSET (*à part*)

Oh, mais, c'est qu'il y tient !

DUMONT

Oui, c'est convenu.

TREMOUSSET (*à part*)

Bon ! nous l avons ! quelle chance !
Ah ! la vertu toujours reçoit sa récompense.

FAQUINO

C'est vraiment abuser. . .

DUMONT

Mais laissez donc . . . voici. . .

(il lui remet un portefeuille)

FAQUINO *(prenant le portefeuille)*

Eh ! vous insistez tant...

DUMONT

Oui, oui, prenez...

FAQUINO

Merci !

(tendant le portefeuille à Trémousset)

Comte, me ferez-vous le plaisir...

TREMOUSSET *(saisissant vivement le portefeuille)*

Oh ! sans doute !

FAQUINO

De courir...

TREMOUSSET *(voulant partir)*

Oui, mon cher. *(à part)* Je ferai bonne route.

FAQUINO *(bas à Trémousset)*

Prends le premier convoi pour les Etats-Unis ;
Je te suivrai de près.

TREMOUSSET *(bas à Faquino)*

Prends ton temps.

DUMONT *(après avoir sonné)*

Mes amis,
Maintenant, s'il vous plaît, terminons notre affaire.
(à Nicolas qui entre)
Préviens mademoiselle Elise et le notaire
Que nous les attendons pour signer le contrat.

TREMOUSSET *(tendant la main à Dumont)*

Au revoir !

DUMONT *(surpr   )*

Quoi ?

TREMOUSSET

Je cours compléter cet achat.

DUMONT *(le retenant)*

Pardon, vous partirez après la signature.
J'y tiens beaucoup.

TREMOUSSET (*à part*)

Pas moi.

FAQUINO

Bon, voici ma future !
(*Il s'empresse auprès d'Elise qui vient d'entrer et cause avec elle*)

SCENE IX

Les mémes, ELISE

TREMOUSSET (*à part*)

J'aimerais mieux filer.

DUMONT

Vous nous ferez l'honneur
D'assister au contrat.

TREMOUSSET

Oh !... mais... oui, de grand cœur !

DUMONT

C'est très aimable à vous.

TREMOUSSET (*à part*)
Sacristi ! comment faire ?
(*apercevant Elise et allant la saluer*)

Ah ! pardon !

DUMONT

Tout est prêt... Que fait donc le notaire ?
(*apercevant Cécile qui entre*)

Ah !

SCENE VII

Les mémes, CECILE

CECILE (*à part, voulant se retirer*)

Ciel !... les assassins de mon cher protecteur !

DUMONT (*allant à elle*)

Approche, mon enfant. (*bas à Cécile*) Prends un air moins boudeur !

TREMOUSSET (*tendant la main à Cécile*)

Mademoiselle, je...

CECILE (*reculant d'horreur*)
Monsieur...

DUMONT (*bas à Cécile*)
Sois convenable
Au moins, morbleu !

CECILE (*à part, frémissant*)
La main d'un meurtrier !

TREMOUSSET (*à part*)
Ah ! diable !

CECILE (*bas à Dumont*)
Mon père, ignorez-vous qu'un meurtre audacieux...

DUMONT (*de même*)
Que nous importe à nous ?
Cécile continue à parler bas à Dumont en lui indiquant Faquino et
(Trémousset, Dumont s'indigne de plus en plus)

TREMOUSSET (*à part*)
Cet air mystérieux
Me fait peur ; aurait-elle eu vent de notre affaire ?

DUMONT (*à Cécile*)
Tais-toi, sotte, ou... j'éclate !

CECILE (*avec découragement*)
Ah

NICOLAS (*annonçant*)
Monsieur le notaire !

FAQUINO
Le notaire

TREMOUSSET
Ah ! voici le notaire !
(ils échangent de grands saluts avec le notaire et le conduisent à un
siège que lui présente Dumont)

LE NOTAIRE
Messieurs !...
Hem !... je suis très sensible à l'accueil gracieux
Dont on m'honore... ahem !...

FAQUINO

Nous rendons au mérite

Un légitime hommage...

LE NOTAIRE

Ah ! baron !

CECILE

L'hypocrite !

Le monstre !... Dieu ! comment déjouer ce complot ?
Seule, que puis-je faire]? (à Elise) Ah ! ma sœur, un seul mot !

ELISE

Laisse-moi.

(Dumont et les autres causent avec le notaire)

CECILE

Je t'en prie !

ELISE (impatientée)

Ah !

CECILE

Le devoir m'oblige

De t'avertir...

ELISE (s'éloignant)

Merci !

CECILE

Mais...

ELISE

Laisse-moi, te dis-je.

Persiste, s'il t'en tient, dans les goûts roturiers ;
Quant à moi...

CECILE

Mais, ma sœur, ces deux aventuriers

Sent coupables...

ELISE (avec emportement)

Silence !

CECILE

Oui, coupables...

ELISE

Silence !

CECILE

D'un effroyable crime...

ELISE (*s'éloignant brusquement*)

Ah ! c'est trop d'insolence !

CECILE (*désespérée*)

Hélas !

DUMONT (*au notaire*)

Bien. Procédons...

LE NOTAIRE (*regardant par-dessus ses lunettes*)

Tout le monde est présent ?

DUMONT

Oui ! oui !...

LE NOTAIRE

(*il prend une prise, se mouche, étale lentement ses papiers· et lit
solennellement*)

« Pardevant »...

DUMONT

Oh ! c'est fort intéressant,
Cher notaire, pour nous, d'entendre votre prose ;
Mais, tous, nous l'avons lue, et partant je propose
Que vous nous exemptiez la répétition.

LE NOTAIRE

Je tiens à bien remplir ici ma mission.
Et veux instrumenter conformément au code :
Or le code est précis, très précis, sur le mode
Et les formalités à suivre en pareil cas.

FAQUINO

Bah ! les formalités ne m'embarrassent pas.

TREMOUSSET (*à part*)

Ni moi non plus.

DUMONT (*vivement*)

Enfin, la chose une fois faite
Suffit de par la loi, sans qu'on nous la répète !
Et rien n'oblige à lire une seconde fois.

LE NOTAIRE (*réfléchissant*)

C'est logique... oui, monsieur, votre avis a du poids...

(avec emphase)

Il est irréfutable !

DUMONT

Alors....

TREMOUSSET *(à part)*

Que de formules !

LE NOTAIRE *(à Dumont d'un ton sentencieux)*

Votre grand sens légal a vaincu mes scrupules !

DUMONT

A la bonne heure !

TREMOUSSET *(à part)*

Enfin !

LE NOTAIRE *(offrant solennellement la plume à Elise)*

S'il vous plaît...

SCENE XI

Les mêmes, JEAN BRUNELLE *(la tête entourée d'un bandeau)*

JEAN BRUNELLE *(entrant brusquement)*

Arrêtez !...

CECILE *(courant à lui)*

Jean Brunelle !

FAQUINO *(reculant consterné)*

Encor lui !

(Elise laisse échapper sa plume et se jette avec un cri d'épouvante dans les bras de Dumont.)

DUMONT *(avec indignation)*

Comment, monsieur !

TREMOUSSET *(avec un geste de désappointement)*

Matés !...

JEAN BRUNELLE *(montrant Faquino du doigt)*

Cet homme est un brigand, un assassin farouche !...

FAQUINO *(tirant un pistolet de sa poche)*

Ton mensonge, maraud, va croupir dans ta bouche !...

(Cécile se jette au-devant du pistolet de Faquino, Elise pousse un cri; Dumont la dépose sur un fauteuil et se retourne du côté de Fa-

quino d'un air consterné, le notaire disparaît derrière la table ;
Trémousset s'élançe sur Jean Brunelle du côté opposé à Faquino.
Jean Brunelle arrache le pistolet des mains de Faquino, les saisit
tous deux par les épaules, et les terrasse à ses pieds.)

JEAN BRUNELLE

A genoux, malheureux !...

(Il menace Faquino et Tremousset du pistolet. Tous deux restent pros-
ternés et se gardent de leurs mains. Jean Brunelle, se croisant les
bras et regardant ses deux adversaires avec un sourire de mépris,
ajoute :)

Ah ! vous m'avez cru mort !
Mais Dieu pour vous punir a veillé sur mon sort..

(à Faquino)
Vil meurtrier ! ta balle a glissé sur mon crâne...

FAQUINO

Je vous jure...

JEAN BRUNELLE

Ma plaie est là qui te condamne.

(saisissant Faquino par le collet et le redressant)
Allons, debout, coquin ! tes forfaits sont au jour ;
La justice de Dieu commence, c'est son tour !...

Trémousset cherche à s'esquiver, mais il est rencontré en sortant, par
Oscar qui le repousse sur la scène.

SCENE XII

Les mêmes, OSCAR, OCTAVE, MARIANE, NICOLAS, SERGENTS DE VILLE

OSCAR *(repoussant Trémousset)*

On ne passe pas !

(Il fait signe à Nicolas d'approcher)

NICOLAS *(hésitant)*
Oh, je suis très excitable,
Et par emportement, je peux...

(Il fait un geste menaçant)

OSCAR *(avec un geste d'impatience)*

Va-t'en au diable !

(Il fait signe aux sergents de ville qui entourent Faquino et Trémousset)

JEAN BRUNELLE *(à Faquino)*

Allons, fier descendant des nobles Faquini,
Retournez au cachot, votre règne est fini.

*Les sergents de ville, sur un signe de Jean Brunelle, emmènent Faquino)
et Trémousset.   Oscar s'élance vers Cécile qui l'accueille avec empressement.   Dumont paraît ahuri, Elise s'évente affaissée dans un
fauteuil.)*

SCENE XIII

Les mêmes, moins FAQUINO, TREMOUSSET *et les* SERGENTS DE VILLE.

DUMONT (*paraissant s'éveiller d'un horrible songe*)

Ah ! grand Dieu ! quel malheur !

JEAN BRUNELLE (*à part*)

Il en a pour son compte

Des grandeurs d'ici-bas.

DUMONT

La ruine et la honte

Pour partage !... Ah ! qui donc pourra me secourir !

OSCAR

Moi !

DUMONT

Vous, Oscar, ici !... Vous !

OSCAR

Oui, pour vous offrir

Mon concours empressé dans le trouble où vous êtes.

DUMONT

Il est donc ici-bas encor des gens honnêtes !

JEAN BRUNELLE

Le règne des escrocs, cher oncle, a fait son temps,
Et le tour est venu pour les honnêtes gens.

DUMONT

C'est ma ruine, hélas !

OSCAR

Non, je l'ai prévenue.

La police, avertie à temps, est parvenue
A s'emparer sans bruit de toutes les valeurs
Dont vous aviez chargé ces infâmes voleurs.

DUMONT

Quel complot infernal ! mais aussi quelle chance !

(*avec un gros soupir de soulagement*)

Je renais à la vie !

OSCAR (*prenant Cécile par la main*)
Et nous à l'espérance.

DUMONT (*à Oscar*)
Elle est à vous.   Que Dieu vous donne le bonheur,
Et vous sauve du goût de la fausse grandeur !

ELISE (*s'approchant vivement*)
Et vous ajoutez foi, mon père, à cette histoire !

DUMONT
Je cède à l'évidence ; il nous faut bien y croire.

ELISE
Est-il possible hélas ! Que vais-je devenir ?

DUMONT (*avec sollicitude*)
Pauvre enfant ! mon orgueil brise ton avenir !...

JEAN BRUNELLE
Non, non, rien n'est brisé, mais tout peut, au contraire,
S'accommoder à point.

DUMONT
Hein ! que voulez-vous faire ?

JEAN BRUNELLE
Remplacer Faquino, c'est tout simple.

DUMONT
Comment ?
Epouser Elise !

ELISE
Ah ! mon Dieu !
(*Elle remonte en s'éventant*)

DUMONT
Vous !

JEAN BRUNELLE
Franchement,
Il faut bien l'avouer, j'ai cette fantaisie.

DUMONT
Mais... pourtant... enfin...

ELISE
Ah ! je suis toute saisie !

JEAN BRUNELLE
Cher oncle, je comprends votre hésitation ;

Il vous faut sur mon compte une explication,
N'est-ce pas ?

DUMONT

Oui, j'admets qu'après. . .

JEAN BRUNELLE

Fort bien, c'est juste

DUMONT

Mon avanie. . .

JEAN BRUNELLE

Oui, oui, cela vous tarabuste ?
Et vous rend défiant ?. . .

DUMONT

Ma foi. . .

JEAN BRUNELLE

Rassurez-vous,
Et laissez-moi vous dire. . .

DUMONT

Oui, dites. . .

JEAN BRUNELLE

Entre nous,
Je n'ai jamais atteint mes châteaux dans la lune ;
Mais j'ai fait en revanche une honnête fortune.

ELISE (à part)

Après tout ce cousin est fort aimable.

DUMONT

Mais
Vous disiez avoir tout perdu ?

JEAN BRUNELLE

Je me vantais.

DUMONT (étonné)

Vous avez des moyens ?

JEAN BRUNELLE

Je suis millionnaire ;
Mon banquier, sur ce point, pourra vous satisfaire.

ELISE à part

Il est tout à fait bien !

JEAN BRUNELLE

Je m'étais mal vêtu
Pour traquer ces brigands...

DUMONT (*cherchant Elise, qui est restée au second plan*)

Elise! où donc es-tu?
Ah! te voilà!

(*l'attirant par la main*)

Voyons!

ELISE (*paraissant hésiter et baissant la vue*)

Mon Dieu!

DUMONT

Point de défaite!
Tiens!.

(*il leur joint les mains*)

Voilà, mes enfants! C'est une affaire faite!

(*Elise et Jean Brunelle font groupe d'un côté, Cécile et Oscar de l'autre,
et se parlent en souriant; le notaire et Octave conversent ensemble
au second plan; Nicolas se jette aux genoux de Mariane qui lui
donne un soufflet en riant.*)

DUMONT (*au public*)

Ce que c'est que la chance!... Oui, c'est quand on le fuit,
Qu'avec acharnement le bonheur nous poursuit!

FIN DU CINQUIEME ACTE

ERRATA.

Page 13, 4e vers : Remplacer : *Vas ! Cours !* par : *Va ! Cours !*

Page 45, dernier vers : Remplacer : *Appliquent* par : *Imputent.*

Page 76, 5e vers : Remplacer : *Non, c'est quelque étourneau* par : *Non, c'est un étourneau.*

Page 83, 6e vers : Remplacer : *Pauvre Nic !* par : *Pauvre Nicot !*

Page 84, 10e vers : Remplacer : *Il dit* par : *Et dit.*

CPSIA information can be obtained
at www.ICGtesting.com
Printed in the USA
BVHW060932041218
534639BV00018BA/695/P